내 아이를 위한

진로코칭

학생부종합전형을 준비하는
예비 고1 필독서

내 아이를 위한
진로코칭

─── 엄명종 지음 ───

교육부 〈진로 교육 목표 성취기준표〉에 맞춘
부모와 교사를 위한 1:1 진로 지도 가이드북

문예춘추사

**진정한 진로교육의 핵심은
세상의 필요와 자녀의 재능이 만나는 지점을
대화로 함께 찾아가는 것!**

나는 청소년 전문가다. 17년 동안 진로진학코칭, 학습코칭, 리더십코칭으로 학생들을 만나면서 가장 마음이 아팠던 것은 부모와 자녀들이 서로 대화의 주파수가 맞지 않아 오해 아닌 오해를 하고 있다는 사실이었다. 부모는 사랑의 표현으로 하는 말이었는데 자녀는 이를 왜곡하고 사랑을 받아들이지 않는 것을 보면서 세대 간에 올바른 소통이 필요하다는 생각을 하게 되었다. 왜냐하면 올바른 소통이 자기주도학습, 진로 사례, 진로코칭, 인성 리더십 등 모든 교육의 기본이 되기 때문이다.

부모의 가치관(value), 비전(vision)은 아이들의 미래를 터치한다. 중요한 것은 이 모든 것이 언어(verbal)로 전달된다는 사실이다. 자녀가 무엇을 좋아하고 또 무엇을 잘할 수 있는지 알기 위해서는 부모의 지속적인 관찰(observation)과 피드백(feedback)이 필요하다. 그러나 제아무리 관찰을 했다고 하더라도 건강한 대화로 피드백을 하지 못한다면 관찰은 감시가 될 수 있다. 진정한 진로교육의 핵심은 세상의 필요와 자녀의 재능이 만나는 지점을 대화로 찾아가는 것이다.

이 책은 자녀에게 효과적으로 진로 지도를 하길 원하는 부모들을 위해 필자가 직접 경험한 임상을 기반으로 구성했다. 만약 효과적인 진로 지도를 하길 원한다면 부록에 있는 부모 훈련 일지를 21일간만 꾸준히 써보길 바란다, 자녀 진로 지도의 새로운 눈을 갖게 될 것이다. 특히, 이번 개정판은 4차 산업혁명이 화두가 된 시점에 "그렇다면 우리는 앞으로 어떻게 진로교육을 해야 할까?"에 대한 답을 나름대로 정리하고 구성했다는 점에서 기존의 진로교육서와 다를 것이다. 아무쪼록 많은 독자들이 이 책을 통해 자녀에게 진로 지도를 하는 데 조금이나마 도움이 되길 바란다.

개정판이 나오기까지 함께 고생해주신 분들이 많았다. 문예춘추사 한승수 대표님과 한국청소년코칭센터의 황상준 대표와 안다영 선생님, 그리고 진로코칭을 함께해왔던 전문 코치들에게 감사의 마음을 전한다. 모두가 나의 동역자다. 그리고 늘 기도로 후원해주시는 사랑하는 부모님과 장인, 장모님 그리고 사랑하는 아내 혜영과 딸 정원, 지원이에게도 고마움을 전한다. 이 모든 감사를 하나님께 드린다.

2020년 봄 양평 서재에서

차
례

PART 01

엄마의
역할이
중요하다

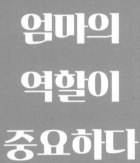

Chapter 01

진로교육,
제대로 배우자

　　모 방송국에서 진행하는 진로코칭 프로그램에 출연하여 학생
을 코칭한 적이 있었다. 학습에 흥미가 없는 학생에게 학습동기를 불어
넣어주는 프로그램이었다. 문제의 원인을 파악하기 위해 학생뿐만 아
니라 그들의 부모까지도 심리검사를 실시하여 문제점을 다각적으로
살펴보고 대안을 제시하는 방식이었다.

　　프로그램의 주인공 김민지 학생은 중학교 3학년 여학생이었다. 방
송을 시작하기 전 아이에게 "넌 나중에 커서 뭐가 되고 싶니?"라고 물
었고 민지는 "9급 공무원이 되려고요."라고 대답하였다. 그래서 다시
"만약 너에게 요술방망이가 있다면 넌 어떤 직업을 갖게 해달라고 소
원을 말하고 싶니?"라고 묻자 아이는 "만화작가요."라고 대답하였다.
"그럼 좀 전에는 무엇 때문에 9급 공무원이 되고 싶다고 했니?"라고 묻
자 "엄마가 9급 공무원 하라고 해서요."라고 대답했다. "너도 그걸 원
하니?"라고 하자 아이는 "그건 아닌데, 잘 모르겠어요."라며 자리를
떠났다.

　　방송에 출연했던 기억보다 오히려 그 짧은 순간에 아이와 나눴던 대
화가 오래도록 마음에 남았던 이유는 무엇이었을까?

진로 탐색 시기에 어머니의 생각은 아이 진로에 많은 영향을 미친다. 왜냐하면 사춘기 전후의 아이들은 어머니와의 대화를 통해 세상을 바라보기 때문이다. 촬영 후 민지 어머니에게 무엇 때문에 아이가 9급 공무원이 되길 원하는지 물어보았다. 그러자 민지 어머니는 "민지가 특별히 잘하는 게 없어요. 대학 갈 성적도 제가 봤을 땐 안 될 것 같고 일찌감치 공무원 시험 준비하는 게 나을 것 같아서 얘기해준 거죠."라고 말했다.

정말 그게 대안일까? 부모는 아이의 적성을 살피고 무엇을 잘하는지 못하는지 충분히 대화를 나눠보았을까? 더 나아가 공부를 잘하게 만드는 대화의 기술을 가지고 있었을까? 아니면 무언가를 하고 싶다는 마음까지 빼앗지는 않았을까? 등 많은 생각이 교차했다. 아이가 특별히 잘하는 게 없어 보이는 것은 당연하다. 그 시기의 아이들이 특별히 무엇을 잘하는지 알려면 아이의 다양한 활동을 지속적으로 지켜보면서 올바르게 반응해주어야 하기 때문이다. 민지의 적성을 검사해보니 디자인 계열에 매우 높은 흥미를 갖고 있었다. 민지에게 조금이나마 그 직업 세계를 경험하게 도와줬더라면 어땠을까?

무엇보다 어머니가 진로교육에 대해서 제대로 배워야 한다. 부모에게 아이들은 도화지와 같다. 부모가 어떤 물감으로 색칠하느냐에 따라 그림이 달라진다. 아이들 스스로 인생이라는 도화지 위에 그림을 멋지게 그려나가도록 돕기 위해서는 부모가 먼저 배우고 익혀야 한다. 이를 위해 첫째, 부모는 자신의 가치관을 점검해보아야 한다. 부모 스스로 세상을 바라보는 관점이 과연 건강한지 성찰해볼 필요가 있다. 그리고 아이를 양육하면서 부부 두 사람의 교육관이 일치하는지 돌아볼 필요가 있다. 만약 교육관이 일치하지 않아서 갈등을 겪고 있다면 그 차이를 좁혀나가기 위한 다각적인 노력이 필요하다. 두 사람의 교육관이 달라서 갈등을 겪고 있다면 갈등의 크기만큼 아이에게 피해가 간다는 것을 기억해야 한다. 둘째, 부모가 꿈꾸는 세상은 어떤 세상인지 스스로 정직하게 질문하고 답변해야 한다. 즉 부모가 이 땅을 살아가면서 꿈꾸는 비전은 무엇인지 점검할 필요가 있다. 부모는 아무런 인생의 꿈이 없는데 아이에게 꿈을 갖고 살아가라고 이야기하는 것은 모순이다. 셋째, 자녀와 코칭식 대화를 통해 생각을 나누는 일이 필요하다. 코칭식 대화는 자녀의 마음을 열어준다. 보통 부모들이 딴은 자녀와 대화를 나눈다고 하지만 아이의 깊은 생각까지 나누지는 못한다. 아이는 요즘 어떤 생각을 갖고 있는지, 마음 상태는 어떤지 관찰하고 반응해줄 필요가 있다.

따라서 어머니의 가치관과 어머니가 꿈꾸는 세상이 무엇인지 먼저 고민하고 생각을 정리해보는 것이 중요하다. 그러면 제대로 된 어머니의 역할이 재탄생된다. 진로교육에서 제대로 된 어머니의 역할은 세상의 필요와 자녀의 재능이 만나는 지점을 대화로 찾아가는 과정에서 매우 중요하게 작용한다는 점을 결코 잊어서는 안 된다.

Chapter 02

아이와의 관계를
먼저 진단하자

"엄 코치님. 우리 승연이 좀 부탁합니다. 제가 더 이상 어떻게 해야 할지 잘 모르겠어요. 초등학교 때까지는 공부를 곧잘 했는데 중학생이 되면서 통 공부를 하지 않고 방에 들어가서 뭘 하는지 문을 걸어 잠그는데…… 제 마음이 미칠 것 같아요. 아니 왜 공부를 안 하죠?"

승연이 어머니의 푸념 섞인 이야기다. 승연이는 머리는 정말 좋은데 노력을 하지 않는다며 미치고 팔짝 뛸 지경이라고 했다. 어디서부터 어떻게 해결을 해야 할지 모르겠다는 이야기를 들으면서 필자도 돕고 싶은 마음이 굴뚝 같았다.

승연이 가족의 표정은 좋지 않았다. 승연이는 도살장에 끌려온 소 같았다. 진로코칭을 신청한 계기가 무엇인지 그리고 무슨 도움을 받고 싶은지 물었더니 승연이 어머니가 이야기를 시작했고 승연이는 고개를 푹 숙이고 있었다. 어머니의 목소리가 점점 커지자 옆에 있던 아버지가 '이제 그만 좀 하지' 하는 표정을 지었다. 이때 승연이의 감정상태가 궁금해 승연이에게 지금 기분이 어떤지 물어보았다. 돌아온 대답은 "아 답답해요. 엄마랑은 별로 이야기하고 싶지 않아요."였다.

서로의 감정이 이 정도 되었다면 전문가가 개입해야 한다. 이런 관계에서 불신과 불평 불만을 표출하는 것은 서로에게 도움이 되지 않는다.

자녀가 마음을 잡고 공부하길 원한다면 사춘기 전후로 진로교육을 하면 좋다. 진로교육을 통해 학습동기를 찾을 수 있기 때문이다.

그렇다면 부모가 효과적인 진로 지도를 하기 위해서는 어떻게 해야 할까? 첫째, 자녀와의 관계를 진단해야 한다. 아이와의 관계를 10점 만점을 기준으로 점수를 매겨보는 것이다. 점검을 해보면 아이를 위해 부모가 무엇을 해야 할지 눈에 보인다. 둘째, 제2의 관점에서 아이를 바라봐야 한다. 제1의 관점은 자신의 관점에서 자신을 바라보는 것이다. 반면 제2의 관점은 상대방의 관점에서 상대방을 바라보는 것이다. 아이의 관점에서 다시 부모를 바라보면 아이를 좀 더 이해하고자 하는 마음이 깊어진다. 셋째, 아이 스스로 생각하고 선택할 수 있는 능력을 길러 줘야 한다. 아이의 선택권을 아이에게 돌려주면 아이는 부모를 꿈을 이루어가는 데 도움을 주는 든든한 지원군으로 여길 것이다. 효과적인 진로 지도는 결국 아이의 관점에서 세상을 바라보고 선택하고 책임질 수 있는 능력을 키워주는 것이라는 점을 잊지 말자.

Chapter 03

원리를 알면
내 아이에게 적용하기 쉽다

두 명의 벽돌공이 있다고 가정해보자. 한 벽돌공에게 "지금 무슨 일을 하고 있소?"라고 묻자 "보면 모르오? 뼈빠지게 벽돌 쌓고 있지."라고 반응한다. 또 다른 벽돌공은 "아! 지금 미래의 인재가 될 아이들이 다닐 아주 멋진 학교를 짓고 있는 중이오."라고 반응한다. 과연 어떤 벽돌공이 행복한 삶을 살고 있을까? 바로 후자다.

행복하게 직장생활을 하는 사람들을 유심히 살펴보면 그들은 하나같이 자신이 하는 일에 올바른 의미를 부여하고 있다. 게다가 자신의 직업이 다른 사람들의 삶의 질을 높이는 데 기여한다고 생각한다.

진로 발견 모델 이해하기

내 자녀가 행복한 길을 걸어가길 원한다면 삶을 바라보는 올바른 태도를 갖도록 훈육하는 것이 선행되어야 한다. 훈육이란, 규칙을 자녀에게 알려주는 것을 의미하는데, 이런 훈육은 흔들리지 않는 양육철학을 전제로 한다. 뒤에 나오는 진로 발견 모델은 필자가 오랫동안 진로코칭을 해오면서 얻은 임상 결과를 바탕으로 만든 모델이다. 학부모들이 보다 쉽게 이해할 수 있도록 도표화했으니 참고하길 바란다.

자녀 진로교육에도 우선순위가 있다는 점을 기억할 필요가 있다. 첫 번째는 자기 이해다. 자기 이해는 자신의 성격, 흥미, 강점, 가치관을 객관적으로 이해하고 종합적으로 자기 자신을 되돌아보는 능력이다. 자기 자신을 되돌아본다는 것은 후회하는 삶을 이야기하는 것이 아니라 성찰을 통해 앞으로 나아간다는 것을 의미한다. 자녀가 이런 자기성찰 중심의 사고를 하도록 돕기 위해선 어릴 때부터 아이의 감정을 부모가

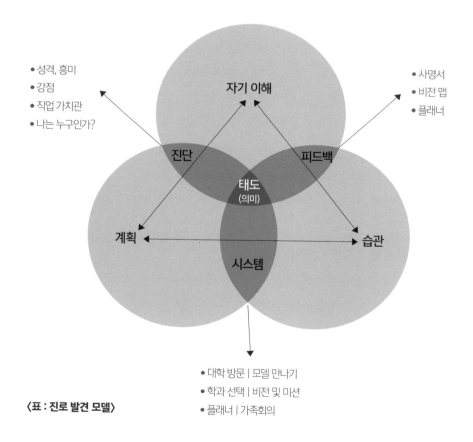

• 성격, 흥미
• 강점
• 직업 가치관
• 나는 누구인가?

자기 이해

• 사명서
• 비전 맵
• 플래너

진단   피드백

태도
(의미)

계획   습관

시스템

• 대학 방문 | 모델 만나기
• 학과 선택 | 비전 및 미션
• 플래너 | 가족회의

〈표 : 진로 발견 모델〉

읽어주고 공감해주는 것이 매우 중요하다. 부모가 자녀의 감정을 읽어주고 공감해주는 순간 부모는 자녀의 공감적 거울이 된다. 이런 공감적 거울을 바탕으로 자녀는 하루하루가 깨달음의 연속이 될 수 있고, 이런 깨달음이 궁극적으로 자녀를 행복하게 만든다. 왜냐하면 깨달음은 우리가 인생을 살아갈 수 있도록 만드는 힘을 갖게 하기 때문이다. 그래서 부모는 일상생활에서 성격, 흥미, 강점, 가치관이라는 각각의 영역을 기준으로 아이의 생활을 관찰하고 반응하며 대화할 필요가 있다.

무엇보다 부모는 객관적으로 자녀의 성격 유형, 흥미 유형, 강점 유형, 직업 가치관 유형 정도는 알고 있는 것이 좋다. 이런 유형이 일관성 있게 나타나는 시기는 보통 중학생 때인데, 자녀의 유형을 객관적으로 알고 있으면 자녀 특성에 대한 이해를 보다 객관화할 수 있고, 자녀교육의 방향을 설정하는 데 큰 도움이 된다. 보다 객관적인 검사가 필요하다면 전문적으로 훈련 받은 코치에게 진로코칭을 받는 것이 좋다.

두 번째는 계획이다. '작심삼일'이라는 말은 계획만 세우지 행동으로 옮기지 않는 아이를 보면서 부모들이 자주 사용하는 말이다. 계획을 세우고 실행하는 힘은 깨달음에서 비롯된다. 자신의 행동을 되돌아보고 관찰해보면 깨달음을 얻게 되는데, 이런 패턴은 나아가야 할 방향을 잡는 데 매우 큰 도움이 된다. 그래서 필자가 학부모 교육이나 교사 연수 때 강조하는 것이 일기 쓰기다.

아이가 자신의 행동에 대한 감정을 이해하기 위해서는 부모의 지속적인 관찰과 피드백이 필요한데, 문제는 관찰과 피드백을 어떻게 해야 할지 모르는 부모가 많다는 점이다. 따라서 자녀가 쉽게 계획을 세우고 실천할 수 있도록 도우려면 일기를 꾸준히 쓰도록 지도하고, 피드백하는 것이 좋다. 정기적인 가족회의를 하면 더욱 좋고, 부모 역시 일기를 같이 쓰면 효과가 더 크다.

또한, 계획은 인생 설계와 학업 계획으로 나뉜다는 것을 기억하자. 부모는 인생 설계에 도움이 될 수 있는 인생 목표 리스트를 만들어 자녀와 함께 적어볼 것을 권한다. 자신이 좋아하는 것, 하고 싶은 것, 갖고 싶은 것, 되고 싶은 것, 해야만 하는 것들을 하나씩 적어보면서 미래에 대한 내면의 의지를 깨워보는 것이다. 중요한 것은 이런 리스트 하나하나에 대해 어떤 욕구 때문에 이런 리스트를 작성했는지 질문해주면 스스로 성찰하는 데 많은 도움이 된다는 것이다.

어느 정도 목표 리스트가 완성되면 사명, 비전, 목표를 구체화해 자신에게 맞는 목표 리스트를 만들어보자. 아이에게 시키기 전에 부부가 먼저 각자 목표 리스트를 만들면서 부부만의 사명, 비전, 목표 등을 세워보기 바란다. 인생 설계가 선행되고 난 다음에 학습 설계를 한다면 아이는 충분한 동기부여가 되어 계획했던 것을 실천하려고 할 것이다.

세 번째는 습관이다. 습관은 하루아침에 만들어지지 않는다. 왜냐하면 습관이 몸에 배는 데는 21일이라는 물리적 시간이 절대적으로 필요하기 때문이다. 진로코칭을 통해 인생의 목표가 생겼다고 할지라도 생활습관이 바뀌지 않으면 변화가 눈에 보이지 않는다. 의사가 되고 싶고, 역사학자가 되고 싶은 마음이 갑자기 생겼다고 해도 오늘 바로 실천하지 않는다면 꿈은 이룰 수 없다. 이런 나쁜 습관을 바꾸기 위해서는 공동체가 필요하고, 무엇보다 가족의 지원이 필요하다.

네 번째는 건강한 피드백이다. 피드백이란, 앞으로 나아가기 위해 되돌아보는 과정이다. 내가 과연 잘하고 있는 것인지, 잘못된 길로 들어선 것은 아닌지 되돌아보는 훈련은 자기성찰 과정과도 유사하다. 이때 부모는 가족회의를 통해서 일주일 동안 아이에 대해 지켜본 자신의 감정 및 느낌을 인격적으로 솔직하게 이야기해주면 된다. 그것이 건강한 피드백이다.

"네가 지난주에 컴퓨터 게임을 안 하겠다고 했었는데, 엄마가 관찰해보니 오늘은 컴퓨터 게임을 2시간이나 하더라. 그 모습을 보니 속상하다."처럼 감정은 내려놓고 행동을 고칠 수 있도록 메시지를 전달하는 것이 건강한 피드백이다. 건강한 피드백을 하는 순간에도 아이를 사랑하는 마음을 보여주면서 감정적으로 공격하지 않아야 한다. 그것은 부모가 자기성찰 훈련이 돼 있어야만 가능한 이야기다. 이를 돕기 위해 부모 훈련 일지를 부록에서 소개하고 있다.

학년 시기에 따라
진로교육을 달리 해야 한다

학부모 교육을 하다 보면, 많은 학부모들이 몇 살 때부터 진로교육을 해야 하냐고 자주 묻는다. 사실 이 질문에 답변하려면 먼저 진로교육에 대한 정의부터 짚어봐야 한다.

진로의 사전적 정의는 '한 인간이 살아가는 삶의 총체적 과정'이다. 한 인간이 평생 살아가면서 겪는 시련과 기쁨의 연속 과정을 말한다. 따라서 몇 살 때부터 진로교육을 해야 하는지 굳이 대답한다면, 단계별 발달 시기에 알맞은 진로교육을 실시해야 한다고 답할 수 있다.

초등학교 시기에는 자기 이해가 부족하기 때문에 충분한 직업 탐색 과정을 거치도록 하고, 이를 통해 자녀의 반응을 관찰하여 자녀의 성격, 흥미, 강점을 이해하도록 한다. 또 다양한 직업의 종류를 알아보고 체험하면서 각 직업의 특성과 내 아이의 특성이 교차하는 지점을 대화로 꾸준히 찾아가도록 한다. 중학교 시기에는 진화된 흥미와 재능이 어느 분야에 있는지 깊이 이해하는 것이 좋다. 고등학생이 되면 부모는 자녀가 어느 직업과 학과에 흥미를 느끼고 있는지 파악하고 있어야 하고, 이런 꾸준한 관심을 바탕으로 진학 준비를 병행해야 한다. 이때 중요한 것은 아이가 좋아하는 것과 잘할 수 있는 것, 그리고 미래 전망 등을 객관화하여 합리적으로 진학에 관한 의사 결정을 함께하는 것이다.

마지막으로 대학생 시기는 진로 전문화 시기다. 이 시기에는 자신의 진로를 확립한 뒤 더욱 구체화시켜 나가기 위해 각종 공모전이나 인턴십 활동, 자원봉사 활동 등으로 진학 및 취업 준비를 해야 한다. 상대적으로 체험 활동이 다소 부족했던 중고등학교 시절과 달리 대학교 시절에는 학생 자신의 가치관, 흥미, 강점을 바탕으로 구직 준비와 구직 이후의 경력 개발을 위한 준비를 해야 하는데, 보통 각종 공모전, 동아리 활동과 창업 활동이 큰 도움이 된다.

초등학교(진로 인식 단계)	
진로교육 목표	직업의 종류와 다양성을 알고, 일과 직업의 중요성을 깨닫고, 건전한 태도와 가치를 형성할 수 있도록 돕는다.
필요한 내용	체험 활동, 독서 지원, 코칭식 대화
필요한 태도(자녀)	주도성, 책임감, 성실성, 건강한 자아 건강
진로교육 역량(부모)	정보력, 건강한 대화법, 자기성찰

중학교(진로 탐색 단계)	
진로교육 목표	자신을 이해하고 직업의 특성을 이해하면서 매칭되는 것이 무엇인지 직·간접적인 경험뿐만 아니라 관련 전공과 적성도 파악한다.
필요한 내용	직업 탐방 및 학과 및 대학 탐방을 통한 진학 준비 활동
필요한 태도(자녀)	끈기, 노력, 인내, 기록
진로교육 역량(부모)	정보력, 건강한 대화법, 자기성찰

	고등학교(진로 선택 및 준비 단계)
진로교육 목표	자신을 이해하고 직업의 특성을 이해하면서 매칭되는 것이 무엇인지 직·간접적인 경험뿐만 아니라 관련 전공과 적성도 파악한다.
필요한 내용	직업 탐방 및 학과 및 대학 탐방을 통한 진학 준비 활동
필요한 태도(자녀)	끈기, 도전, 노력, 인내, 기록
진로교육 역량(부모)	정보력, 건강한 대화법, 자기성찰

	대학교(진로 전문화 단계)
진로교육 목표	건강한 대화를 통해 스스로 책임지는 취업 활동을 준비하도록 지원한다.
필요한 내용	직업 탐방 활동, 진로 탐색을 위한 대화, 심화 체험 활동
필요한 태도(자녀)	도전, 책임, 기록, 노력, 성실
진로교육 역량(부모)	건강한 대화법, 자기성찰

청소년 시기 이해하기

청소년 시기는 성인의 단계로 들어가는 중간 과정이기 때문에 아이 자신뿐만 아니라 부모도 많은 혼란과 어려움을 겪는다. 그러나 부모가 청소년 시기의 특성을 잘 이해하고 아이의 이야기를 들어주고 공감하고 꿈에 대해 함께 이야기를 나눈다면 이 시기는 서로에게 매우 유익한 시간이 될 수 있다.

특히 사춘기 전후의 반항은 어른이 되기 위해 자기 자신을 발견해나가는 과정이기에 어떤 상황에서는 어른인 것처럼 굴다가도 또 어떤 때는 아이처럼 행동한다.

이 시기에 부모는 자녀를 아이 취급하는 경우가 많다. "엄마가 하라는 대로 해.", "네가 잘해야 사랑을 받는 거지.", "공부나 해." 등과 같은 말을 할 때 아이들은 어떻게 반응할까? "아 내버려둬.", "내가 알아서 할게.", "내가 알아서 한다니까 왜 자꾸 그래?" 같은 이야기를 할 것이다. 부모의 말을 듣기는커녕 오히려 반항심만 더욱 키울 뿐이다. 이 시기에는 아이가 다소 부족해 보이는 행동과 말을 하더라도 존중과 배려를 통해 인격적으로 대해주어야 한다.

엄마가 알아야 할 진로교육의 개념

❶ 진로 : 진로는 내가 앞으로 나아가는 길이다. 의역하면 나만이 가는 길이다. 모든 사람에게는 자신이 걸어가야만 하는 길이 있으며, 행복한 길로 가는 사람과 그렇지 않은 길로 가는 사람이 있다.

❷ 꿈 : 꿈의 사전적 정의는 실현하고 싶은 희망이나 이상이다. 진로에서 꿈은 나다운 삶을 사는 것을 의미한다. 이것은 매슬로 5단계 욕구설과 관련이 있으며 각자가 사는 삶의 수준에 따라 꿈은 다를 수 있다.

❸ 소명 : 소명이란 부르심이다. 영어 단어로는 calling이라 하며, 부르심을 받는 직업을 천직이라고 한다.

❹ 사명 : 자신에게 맡겨진 임무, 어떻게 살아갈 것인가에 대한 답변

❺ 핵심 가치 : 행동을 결정하는 가치관의 핵심이다.

❻ 비전 : 눈에 보이는 꿈이다. 예를 들면 '2020년까지 우리 교육을 국민 10%에게 전파한다'처럼 수치화되면 좋다.

❼ 목표 : 마감 시간이 있는 꿈이다.

❽ 역할지각 : 목표를 이루기 위해 자신이 해야만 하는 책임이다.

❾ 직업 : 일정한 기간 동안 계속 종사해서 수입을 얻는 것이다.

❿ 공부 : 몸을 단련시켜 이치를 깨달아 아는 경지를 말한다.

이 10가지 개념은 진로교육에서 반드시 기억해야 할 것이다. 여기에 필요한 진로 탐색 이론, 의사 결정 이론, 태도 변화 이론 등은 필요에 따라 전문 서적을 살펴보면 도움이 된다.

사춘기 전후의 반항은
어른이 되기 위해 자기 자신을 발견해나가는 과정이기에
어떤 상황에서는 어른인 것처럼 굴다가도
또 어떤 때는 아이처럼 행동한다.

PART 02

4개의
눈으로
내 아이를
깊이
관찰하라

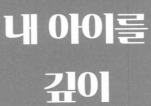

Chapter 01

내 아이의 성격을
이해하라

진로코칭을 했던 강남 서초동의 한 가정이 떠오른다. 아버지는 자수성가해서 유비쿼터스 시스템을 개발하는 회사의 창업주로서, 공공기관이나 정부의 유비쿼터스 시스템을 위탁받아 개발을 주도하는 업무를 했다. 그러나 이 집안의 장남인 아들은 이 분야에 관심이 없었다.

아이의 성격과 흥미 분야를 살펴보니 작곡에 많은 관심을 가지고 있었고, 심지어 교내밴드를 결성하여 활동하면서 가수의 꿈을 꾸고 있다. 아버지 입장에서는 그야말로 골칫덩어리였던 셈이다. 아버지의 고민은 어떻게 하면 아들에게 본인이 하는 일을 물려받을 수 있게 아들의 마음을 돌릴 것인가 하는 것이었다.

아버지에게 아들의 성격을 조심스럽게 전했다. 아이는 꽉 짜여진 스케줄에 맞춰 생활하는 것을 그 누구보다 싫어하고, 오히려 그때그때 자신이 원하는 것을 행동으로 옮겨야 직성이 풀리는 성격이라고 말했다. 그러자 아버지는 "그건 고쳐야 하는 행동 아닌가요?"라고 물었다. 물론 아버지 입장에서는 그렇게 바라볼 수 있다. 그러나 아버지 관점에서 바라볼 때 고쳐야 하는 부분이 아들 입장에서는 본인이 좋아하는 예술 활동을 하는 데 꼭 필요한 행동일 수 있다. 필자는 사람의 성격은 고치는 것이 아니라 다듬어가는 것이라고 말했다. 이야기를 조용히 듣던 아버지는 잠시 생각을 하더니 "그렇다면 제가 아이를 어떻게 대하고, 어떻게 반응해줘야 하나요?"라고 물었다. 가장 좋은 방법은 먼저 아이의 기질이나 성격을 이해하는 것이라고 말했다. 그리고 지금 당장 하고 있는 밴드나 음악을 강제로 그만두게 하여 의지마저 꺾는 일은 없었으면 좋겠다고 강조했다. 그리고 아이의 성격을 이해한다는 것은 궁극적으로 아이와 내가 다르다는 것을 인정하고 주도적으로 받아들이는 깊은 마음이라는 점, 그리고 그것을 인정하는 것이 진정한 사랑이라고 전했다. 무엇보다 지금은 자녀의 성격을 잘 관찰하고, 자녀의 관심이 어떤 방향으로 흘러가고 있는지 함께 꾸준히 이야기 나눌 것을 권했다.

내 아이의 성격유형을 파악해보자

성격을 이해하기 위해서는 필요한 4가지가 있다. 이 책 부록에 성격 검사를 할 수 있도록 검사지를 넣어두었다. 에너지의 방향, 인식 기능, 판단 기능, 생활 양식이 그 예다.

첫 번째, 에너지의 방향은 말 그대로 자신의 에너지가 바깥을 향하는지 아니면 안으로 향하는지 살펴보는 것이다. 다른 사람과 함께 있을 때 에너지가 더 생기는 사람은 발전기와 같은 사람이다. 반면 에너지가 안으로 향해 있는 사람은 휴대폰 배터리와 같다. 하루 종일 휴대폰을 사용하면 충전이 필요하듯 이들은 혼자 생각을 정리할 수 있는 시간이 절대적으로 필요하다.

두 번째 인식 기능은 오감이 발달한 감각 기능과 육감을 선호하는 직관 기능으로 이루어진다. 사물이나 사건을 인식할 때 오감이 발달한 아이는 청각 · 시각 · 촉각 · 미각 · 후각을 사용하고, 육감이 발달한 아이는 오감보다는 직관력을 활용한다. 오감이 발달한 아이들은 구체적이고 현실적인 방법으로 진로교육을 하면 도움이 된다. 직업군 멘토를 만나게 해준다든지, 직업 체험 박람회에 함께 간다든지 등의 활동 말이다. 그러나 육감이 발달한 아이는 보다 의미 있고 창의적인 방법으로 진로교육을 하면 도움이 될 것이다. 이 직업을 통해 다른 사람들을 어떻게 도와줄 수 있는지, 그리고 이 직업이 본인에게 어떤 의미가 있는지 등 의미 중심의 설명이 필요하다.

세 번째 판단 기능은 사고 중심과 감정 중심으로 나뉜다. 사고 중심의 아이는 문제의 옳고 그름을 중요하게 생각하고, 합리적으로 진로에 대해 의사 결정을 하려는 경향이 강하다. 이들은 주로 자신이 무엇을 잘하고 무엇을 못하는지 분석함으로써 진로에 대한 의사 결정을 한다. 반면 감정 중심의 아이는 옳고 그름보다 좋고 싫음이 중요하다. 공부를 할 때 수업하는 선생님이 마음에 들면 수업을 듣지만 마음에 들지 않으면 수업을 듣지 않는다. 이들은 진로 의사 결정을 할 때도 자신이 좋아하는 일이 잘할 수 있는 일인지 곰곰이 따져보지 않는 경향이 있다. 좋아하는 일을 하면 잘할 수도 있다고 믿는 것이다.

마지막으로 생활 양식인데, 판단형 아이는 계획을 세우고 행동으로 옮기면서도 규칙적인 일을 좋아한다. 그래서 이런 학생들은 자신이 원하는 직업을 찾았다면 동시에 플래너를 작성하게 하여 꿈에 가깝게 다가갈 수 있고 시간 관리를 잘할 수 있도록 도와줘야 한다.

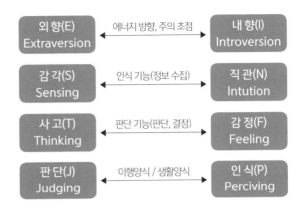

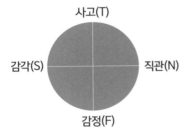

출처 : 한국MBTI연구소(www.mbti.co.kr)

　이렇게 성격의 구조를 이해하고 자녀교육을 하면 아이의 행동을 이해하게 되고, 심지어 아이에게 맞는 직업으로 무엇이 있을까 탐색하게 된다. 직업 탐색 과정에서 부모가 가져야 할 반응은 '내 자녀는 왜 요리사가 된다고 하지?', '아니, 애는 키도 작은데 무슨 모델이야?' 같은 반응이 아닌 '그래, 그럴 수도 있어' 혹은 '그 직업의 어떤 특성 때문에 얘가 이 직업을 이야기하는 거지?'라는 생각이다. 또한 성격 유형 검사를 통해 나온 추천된 직업은 절대적인 것이 아니라 '참고'하면 된다는 사실을 기억해두기 바란다.

Chapter 02

내 아이의 흥미를
눈여겨보라

흥미란 어떠한 사물에 대해 특별한 관심을 기울이는 감정을 말한다. 아이들의 흥미는 있다가도 순간 사라지는 것처럼 보여서 부모가 아이의 흥미를 포착하는 것이 쉽지는 않다. 게다가 자기 정체성이 제대로 서 있지 않은 아이들은 또래 집단이 좋아하는 것을 자신도 좋아한다고 여기는 경우가 많고, 또 부모나 주변 사람들에게 인정받을 수 있는 것에 흥미를 가지려고 한다.

아이의 흥미를 눈여겨보지 않고 반응해주지 않는다면 아이는 자신이 정말 무엇에 흥미를 느끼는지 알아차리지 못한 채 진로를 선택할 수도 있다. 그러다 보면 나중에 원하지 않는 일을 하거나 가치관의 혼란을 겪을 수도 있다. 아이의 흥미가 어디에 있고, 무엇 때문에 흥미를 느끼는지 부모가 알고 있어야 보다 구체적인 방향으로 진로를 계획할 수 있다.

내 아이의 흥미 유형을 파악하자

사람은 누구나 자신이 좋아하는 것을 발견하면 실천하려는 동기가 생긴다. 자녀도 역시 자신이 좋아하는 것이 무엇인지 발견하면 자존감도 높아지고 그 분야에 대한 능력을 계발하려고 노력할 것이다. 물론 제일 좋은 방법은 직접 경험한 다음 자신이 좋아하는지, 그렇지 않은지 분류하는 것이다. 그러나 이런 방법은 오랜 시간이 걸리고 지속적인 관찰과 반응이 필요하기 때문에 시간이 촉박한 경우에는 흥미 유형 검사를 실시해볼 것을 권한다. 미국 심리학자 장 홀랜드(John L. Holland)가 창시한 홀랜드 검사는 성격유형론을 기초로 하여 사람의 흥미 유형을 6가지로 분류한 심리검사다.

홀랜드 검사에서는 사람을 실재형(Realistic), 탐구형(Investigative), 예술형(Artistic), 사회형(Social), 기업형(Enterprising), 관습형(Conventional)으로 구분한다.

R형(실재형, Realistic)

R형은 남성적이고 직선적인 성향이 많으며 사물 중심적이어서 기계를 조작하는 등의 신체 활동을 많이 선호하며 잘한다. 평소 조용하고 말이 적으며 혼자서 운동을 한다거나 가전제품이나 조립제품을 잘 분해하고 만드는 것을 즐긴다. 신체적인 활동을 좋아해 취미 활동으로 등산이나 스포츠를 즐긴다.

I형(탐구형, Investigative)

I형은 혼자서 하는 일을 좋아하는 편이라서 온종일 책을 읽는다거나 여러 자료를 정리하거나 어떤 일을 할 때 논리적이고 분석적으로 하여 연구나 이론을 정립하는 성향이 강하다. 수학적인 계산을 잘하는 편이기도 하다. 대화를 할 때 논리적으로 따지기를 좋아하는 편이라 주변

사람이 어려워하는 경향이 있다. 내성적인 성향이 강하며 나서기를 싫어하여 리더 역할을 하기 어려워한다. 취미 활동으로는 혼자 하는 낚시나 조용한 산책 등을 즐긴다.

A형(예술형, Artistic)

A형은 감정이 풍부하고 미적 감각이 뛰어나 늘 새로운 것을 추구한다. 대중의 유행을 따라가기보다는 자신만의 독특한 표현으로 개성을 살리는 경우가 많다. 감수성이 풍부해 주변 세계에 대해 즉흥적인 반응을 나타낼 수 있으며, 변덕스러운 행동을 하는 경향이 있다. 취미 활동은 언제나 변화 가능성이 많아 다양한 활동들을 하고 탐색을 즐기는 편이다.

S형(사회형, Social)

S형은 친절하고 이해심과 포용력이 있으며 다른 사람들에게 자신의 긍정적인 감정들을 잘 표현한다. '사랑한다'는 표현이나 감사의 마음을 전하는 등의 표현을 잘한다. 또한 사람들과 대화하거나 만나는 것을 좋아한다. 친구나 지인을 만나면 1시간은 훌쩍 넘기는 편이다. 취미 활동으로는 사람들과 함께하는 봉사활동과 각종 친교 모임을 좋아한다.

E형(기업형, Enterprising)

E형은 말을 잘하여 설득력이 있고 자기 주장이 강하며 사교적인 편이다. 외향적인 성향이 강하고 어떤 일에든 적극적이며 경쟁적인 편

이다. 말을 매우 잘하지만 자세히 들어보면 체계적이지 못할 때도 있다. 어떤 모임에서든 리더십을 발휘하여 모임을 이끌어간다. 취미 활동은 적극성을 요구하는 데 흥미가 있고, 많은 모임에 참석하는 것을 좋아한다.

C형(관습형, Conventional)

C형은 6가지 유형 중 가장 체계적이고 모든 일을 정확하게 처리한다. 어떤 일이든 빈틈이 없어야 하며 같은 일을 반복하더라도 실수를 용납하지 않는 편이다. 조직이나 사무적인 일에서도 체계와 서열을 중시하며, 항상 메모를 하거나 기억해두었다가 맡은 일을 정확하게 완수하는 등 책임감이 강하다. 아동의 경우, 부모나 주변 사람 말을 잘 듣는 효자나 모범생일 가능성이 높다. 취미 활동은 자신에게 익숙한 것들을 선호하며, 여행을 가더라도 일정을 꼼꼼하게 짜 정해진 시간에 맞추어 행동한다.

홀랜드 검사에서는 위의 6가지 흥미 유형을 기본으로 하여 검사한 후 결과에서 가장 많이 나타나는 2가지 유형을 판별하고 자신의 흥미 유형에 따른 진로 코드를 정할 수 있다. (관련 코드별 직업군은 부록에 나와 있다.) 이 검사를 통해 직업 흥미 유형, 학과목, 직업, 가정생활, 여가 생활 및 대인관계, 부부 생활, 부모와 자녀의 관계 등을 알 수 있다.

Chapter 03

내 아이의 강점을
지지하라

재능이란 어느 정도 타고난다. 중요한 것은 이 재능에 기술과 지식을 더하면 궁극적으로 강점이 된다는 것이다. 자녀의 강점을 발견하고 싶다면 먼저 아이의 장점을 발견하는 데 시간을 투자해야 한다. 사실 사람은 누구나 99가지의 장점을 가지고 있음에도 불구하고 1가지 단점만을 생각하기 때문에 많은 장점들을 보지 못한다.

경기도의 한 초등학교 학생들에게 자신의 장점을 써보라고 했더니 한 아이당 5개 이상을 쓰지 못했다. 왜 그런가 생각하다가 자신이 무엇을 잘하고 있는지 주변에서 이야기해주는 사람이 없기 때문이라는 사실을 알게 되었다.

아이의 강점을 자세히 관찰하자

아이들이 왜 자신만의 장점이 있음에도 불구하고 단점을 더 많이 기억하고 있는지 생각해봐야 한다. 그것은 아이가 '이게 너의 장점이야'라는 이야기를 들어본 적이 없기 때문이다. 이것을 보통 '명시'라고 하는데, 아이 내면의 장점을 끄집어내도록 부모가 명시해줄 때 효과를 발휘한다. 즉, 부모는 아이가 자신의 장단점을 얼마나 알고 있는지 파악하고 명시해주어야 한다. 게다가 아이의 강점이 무엇인지 주기적으로 이야기해주면 아이는 부모로부터 지지받는다고 생각한다. 자신의 강점이 무엇인지 부모와 끊임없이 대화를 나누는 아이들은 자아존중감도 높아져 자신감도 생긴다. 마커스 버킹엄(Marcus Buckingham)이 쓴 『강점에 집중하라』를 살펴보면 강점인지 아닌지 알 수 있는 신호가 있다고 한다. 이를 자녀의 '강점 찾기'에 적용해볼 수 있다.

첫 번째 신호는 성공이다. 아이가 어떤 일을 할 때 성공했다고 느끼는 것이 중요하다. 예를 들어 아이가 수학 연산 문제를 풀고 난 뒤 스스로 만족감이 든다면 연산에 강점이 있다고 본다. 그러나 수학 연산을 잘하는데도 만족감이 없다면 강점이 아니라고 볼 수 있다.

두 번째는 본능이다. 이유는 모르지만 자꾸 끌리는 활동들이 있다. 두렵고 떨리지만 그럼에도 불구하고 끌리는 일이 있다면, 본능적으로 그 일을 하기 전에 몹시 기대되거나 그 일을 해야 하는 상황으로 스스로 몰고 간다면, 그것은 강점 발견의 신호다. 예를 들어 수학 문제를 풀면서 왠지 딱 떨어지는 답을 구하고 싶은 마음이 계속 들거나 연산을 하기 전 몹시 기대가 된다면 수학 연산에 강점이 있다고 표현한다.

세 번째는 성장이다. 아주 오랫동안 그 일에 몰입하고 계속 흥미가 느껴지고 자신이 성장하는 것이 느껴진다면, 그 또한 강점 발견의 신호다. 예를 들어 어려운 수학 연산 문제를 푸는 동안 지속적으로 호기심을 느끼고 집중한다면 강점이 있다고 표현한다.

네 번째는 필요다. 수학 연산 문제를 풀고 난 후에 신체적으로는 피곤함을 느낄지 모르나 심리적으로는 전혀 지치지 않고 충만함이 느껴진다면 강점이 있다고 표현할 수 있다.

거듭 말하지만 중요한 것은 일상생활 속에서 이런 강점을 부모가 주기적으로 관찰해야 한다는 것이다. 그리고 강점이라고 느껴지는 것에 대해 아이와 함께 말로 표현해보고 피드백을 주고받는 것이 중요하다. 강점이라고 느껴지는 감정들은 '강력한, 쉬운, 훌륭한, 굉장한, 흥분되는, 또 하고 싶은, 순조로운, 자연스러운' 등이다.

만약 아이가 어려운 수학 문제를 풀 때 '진이 빠진다', '녹초가 된다' 같은 감정을 느낀다면 약점이라고 생각하고 다음과 같은 2가지를 점검해볼 필요가 있다.

첫째, 지식이다. 수학 문제를 풀 때 공식에 대한 이해가 올바르게 되어 있는지 지식을 점검한다. 왜냐하면 강점을 이루는 요소 중 하나가 바로 올바른 지식 습득이기 때문이다.

둘째, 기술이다. 기술은 타고나는 것이 아니라 반복을 통해 향상된다. 어려운 수학 문제를 푸는 기술이 얼마만큼 쌓여 있는지 확인해본다.

앞서 이야기했듯이 결국 강점은 본래 아이가 가지고 있는 재능에 지식과 기술을 더함으로써 형성되기 때문에 강점이 발견되지 않는다고 무조건 약점이라고 생각하는 일반화는 피하는 것이 좋다. 오랜 시간을 들여 아이의 강점을 파악하는 데 어려움을 겪는다면 다중 지능 검사를 실시해보길 권한다.

8가지 강점 지능 이론

강점 지능은 흔히 다중 지능 검사라고도 하는데, 미국 하버드대학교 교육학과 하워드 가드너 박사가 연구한 이론으로, 인간의 지적 능력은 서로 독립적이며 상이한 여러 유형의 능력으로 구성된다는 이론이다.

하워드 가드너는 지능을 다음과 같이 8가지 유형으로 구분했다.

❶ **언어**(linguistic)
❷ **논리 수학**(logical mathematical)
❸ **공간**(spatial)
❹ **신체 운동**(bodily – kinesthetic)
❺ **음악**(musical)
❻ **대인관계**(interpersonal)
❼ **자기 이해**(intrapersonal)
❽ **자연 탐구**(natural)

다중 지능 이론이 나오게 된 계기는 인간의 다양하고 무한한 가능성이었다. 다중 지능 이론에서는 천재란 결정되는 것이 아니며, 적절한 환경과 적절한 자극을 제공해주고 아이의 능력을 믿고 북돋아주면 누구나 최고의 지능을 이끌어낼 수 있다고 말한다. 가드너는 아이의 능력에는 우열이 있지 않으며, 누구나 최고가 될 수 있는 지능을 갖고 있다는 것을 증명했다. 그리고 최고가 되기 위해서는 강점 지능을 바탕으로 아이의 소질을 키워나가는 것이 중요하다고 했다.

언어 지능은 복잡한 의미를 표현하는 언어를 사용하는 능력이고, 논리 수학 지능은 계산과 정량화를 가능하도록 하고, 명제와 가설을 생각하고 복잡한 수학적 기능을 수행하는 능력이다. 공간 지능은 내외적 이미지의 지각, 재창조, 변형 또는 수정이 가능하도록 하며 자신이나 사물을 공간적으로 조정해 그래픽 정보로 생산하거나 해석하도록 하는 능력이다. 신체 운동 지능은 대상을 잘 다루고 신체적 기술을 조절하는 지능이고, 음악 지능은 음의 리듬, 높이, 음색에 대한 민감성을 보이는 사람들이 갖는 지능이다. 대인관계 지능은 타인을 이해하고 타인과 효과적으로 상호 작용하는 능력이고, 자기 이해 지능은 자신에 대한 정확한 지각과 자신의 인생을 계획하고 조절하는 지식을 사용할 수 있는 능력이다. 마지막으로 자연 탐구 지능은 자연의 패턴을 관찰하고 대상을 정의하고 분류하며 자연과 인공적인 체계를 이해하는 능력이다.

8가지 강점 지능을 더 체계적으로 알고 싶다면 서울진로진학정보센터(www.jinhak.or.kr)를 통해 다중 지능 검사를 무료로 해볼 수 있다.

지능	특징
언어 지능	말을 잘하거나 글을 잘 쓰는 능력으로, 언어를 이해하는 능력
논리 수학 지능	사물에 대한 이해력을 발휘하고 사물 사이의 논리적 계열성을 이해하며, 유사성과 차이점을 측정하고 사정하는 능력
공간 지능	색, 형태, 구조에 관련된 지능으로, 명확하게 사물을 인지하는 능력
신체 운동 지능	신체 부위를 조절하는 능력과 사물을 능숙하게 다루는 능력으로 공연, 춤, 신체 운동으로 나타나는 지능
음악 지능	음조, 리듬, 박자, 음색을 인식하고 주변의 소리나 음악에 반응하는 능력
대인관계 지능	다른 사람의 기분이나 성향, 의지, 동기, 욕구 등을 파악해서 그에 따라 적절하게 반응하고 행동하는 감각이 있는 사람이 소유한 지능
자기 이해 지능	자아를 이해하는 능력으로 자기 내부에서 진행되는 변화를 감지하고, 자신의 기분이나 생각, 느낌 같은 것을 분별하여 자신의 행동을 조절하는 사람이 소유한 지능
자연 탐구 지능	사물을 구별하고 분류하는 능력, 환경의 특징을 사용하는 능력, 사물을 분별하고 그 사물과 인간과의 관계를 설정하는 지능

내 아이의 가치관을
탐색하라

지금 규엽이는 대학생이다. 규엽이를 처음 만났던 중학교 2학년 시기에 규엽이네 가정 형편은 매우 어려웠다. 더욱이 아버지가 오랫동안 병으로 집에 누워 있었기 때문인지 규엽이의 표정은 늘 어두웠다. 그러다 보니 늘 마음 한구석에는 어린 나이에 재롱 한번 부리지 못한 것에 대한 마음의 억눌림과 우울함이 있었다. 중학생이 되면서 아버지의 병을 자신이 한번 고쳐보고 싶다는 동기가 생겨 공부를 하기 시작했고, 결국 자신이 원하는 서울대 의대에 합격했다.

규엽이가 의사가 되고자 한 것은 자신처럼 가난하고 소외된 이웃을 위해 봉사하고 도움을 주는 사람이 되고픈 마음 때문이었다. '봉사'가 규엽이의 직업 가치관인 셈이다. 이런 가치관은 직업을 선택할 때 결정적인 기준이 될 수 있는데, 보통 보수, 사회적 인정, 능력 발휘, 지도력 발휘, 애국심, 봉사, 몸과 마음의 여유 등이 그 예다.

자녀에게 성공적인 진로교육을 하고 싶다면, 무엇보다 어떤 사건이 생겼을 때 자녀가 그 사건을 어떻게 받아들이고, 어떤 감정을 느끼는지 주도면밀하게 살펴보는 것이 좋다. 왜냐하면 어떤 사건을 통해 받아들이는 감정이 곧 그 아이의 가치관으로 자리매김될 수 있기 때문이다.

그 감정이 부정적으로 나타났다는 것은 욕구가 충족되지 않았다는 것이고, 그 감정이 긍정적으로 나타났다면 욕구가 충족되었다는 점을 기억하고, 자녀가 세상을 바라보는 관점이 어떻게 고착화되어 가는지를 알아차리도록 부부가 함께 관찰할 것을 권한다.

어른이 되어도 계속 흔들리는 직업 가치관

몇 해 전 삼성SDS 사원을 대상으로 '진로와 소명'에 대한 강의를 한 적이 있다. 한 여자 직원이 필자에게 고민을 털어놓았다. 그녀는 자신이 정말 잘하는 것은 컴퓨터 프로그래밍인데, 정말 하고 싶은 것은 사회적 기업에서 일하는 것이라고 했다. 지금 일하고 있는 직장이 마음에 들지 않는 것은 아니지만 만족감이 떨어지는 게 현실이었다. 그녀는 어떻게 결정 내려야 할지 고민이라고 했다.

정말 원하는 것이 무엇인지를 그 직원에게 다시 물어보았다. 그러자 그녀는 컴퓨터 프로그램 개발 기술을 이용해 우리 사회에 필요한 제대로 된 교육 복지 시스템을 만들고 싶다고 했다. 이어서 그것을 행동으로 옮기지 못하는 이유는 무엇인지 물었더니, 그녀는 안정성이 문제라고 대답했다. 그 직원의 직업 가치관은 '안전성'이었다. 안정성은 어떤 일을 오랫동안 안정적인 상태에서 할 수 있는 조건을 말한다. 그래서 자신이 정말 하고 싶은 것도 하면서 안정성이라는 욕구를 만족시키기 위해 지금부터 할 수 있는 것이 무엇인지 물었다. 그러자 주말을 이용해 사회적 기업 관련 교육 복지 분야에서 자원봉사를 하면서 이직에 관해 탐색을 해보고 싶다고 했다.

그 직원은 안정성이라는 직업 가치관만 만족된다면 사회적 기업으로 옮기고 싶어했으나, 현실적으로 사회적 기업이 대기업 수준만큼 안정적으로 운영되지 못할 것이라고 생각했기 때문에 우선은 주말에 자원봉사를 하면서 그 분야를 탐색해보기로 한 것이었다. 아주 지혜로운 선택이 아닐 수 없었다.

많은 직장인이 이직을 할 때 단순히 연봉 많이 주는 곳을 선호한다. 그러나 그렇게 이직을 하면 6개월도 채우지 못하고 나오는 경우가 많다. 그뿐 아니라 자신이 입사하고 싶은 회사에 왜 들어가야 하는지 모르는 채 '남들이 학교 가니까 따라서 학교 가고, 남들이 회사 가니까 따라서 회사 가야 한다'는 사고방식으로 취업하는 경우가 허다하다. 안타까운 일이 아닐 수 없다. 그러나 어릴 적부터 부모가 자녀의 가치관이 무엇이고, 또 직업을 선택하는 기준이 무엇인지 관찰하고 피드백해준다면, 그 아이는 행복한 삶을 개척해나갈 수 있을 것이다.

Chapter 05

직업군 목록을
만들고 선택하자

적성에 맞는 직업을 찾기 위해서는 다양하고 많은 경험이 꼭 필요하다. 초등학교 시절에 아이들이 되고 싶다고 말하는 직업은 대부분 주변의 또래 친구나 선생님 및 부모에게 인정받을 수 있는 것들이다. 또는 대통령, 의사, 검사, 한의사 등 자신이 경험해보지 않았던 직업을 이야기한다. 물론 그중에는 축구 선수나 야구 선수처럼 자신이 좋아하는 것을 말하는 아이도 있다. 이때 부모는 자녀가 원하고 잘할 수 있는 직업의 종류들을 간과하지 말고 목록으로 만들어주기 바란다. 무엇 때문에 그 직업을 갖고 싶은 것인지 아이에게 직접 물어본다면, 아이도 자신의 관심 사항을 말하면서 자기인식을 하기 때문에 매우 큰 도움이 된다.

아이가 어떤 직업에 관심을 보인다면, 그것은 아이의 재능을 발견할 좋은 기회다. 그 좋은 기회를 포착하지 못한 채 단지 아이가 말하는 직업이 부모의 성에 차지 않는다고 쯧쯧거린다면 참으로 안타까운 일이 아닐 수 없다. 그래서 아이가 하고 싶다는 직업은 반드시 기록으로 남기고 목록으로 만들어주는 것이 중요하다.

또한 매년 1회 정도는 진로 적성 검사를 실시해 아이에게 맞는 직업군에는 어떤 것이 있고, 또 학년이 올라갈 때마다 어떻게 변화되어 가는지 살펴보기를 권한다. 아이들이 초등학교 시절에 이야기하는 직업과 중학교 시기에 이야기하는 직업에는 차이가 있을 수 있다. 차이가 있다는 것은 심경의 변화가 있다는 것이니, 부모는 그 변화 요인이 무엇인지 대화를 통해 끄집어낼 줄 알아야 한다. 아이의 마음은 관찰하지도 않고 메시지 전달 위주의 대화를 하면서 자녀가 좋은 대학에 가고, 좋은 성적을 받길 바라는 것은 미안하지만 정말 도둑놈 심보다.

종합적 직업군 목록을 만들자

종합적 직업군 목록을 만들기 위해서는 다음과 같이 구분할 필요가 있다.

내가 원하는 직업	부모·친구 추천 직업	심리검사 및 직업카드 추천 직업	교집합

첫 번째 빈칸인 '내가 원하는 직업'란에는 우선 아이가 되고 싶고, 하고 싶은 직업을 생각나는 대로 적으라고 지도한다.

두 번째 빈칸인 '부모·친구 추천 직업'란에는 부모나 친구가 추천하는 직업을 적는다. 이 부분에서 아이들에게 부모나 친구가 추천한 직업을 적어보라고 하면 "없는데요."라고 말하는 경우가 많다. 그만큼 부모에게서 진지하게 "너 이런 직업을 가지면 참 좋겠다." 하는 조언을 들은 경험이 없는 것이다. 따라서 평소에 몇 등을 하고 몇 점을 받았는지에만 혈안이 되지 말고 조바심을 내려놓고 대화를 나눌 것을 권한다.

세 번째 빈칸인 '심리검사 및 직업카드 추천 직업'란에는 심리검사에서 추천받은 직업군과 직업카드 놀이를 통해 분류한 좋아하는 직업 3가지를 적는다. 심리검사는 초등학생의 경우 보통 초등학생용 MMTIC 성격 유형 검사, 홀랜드 직업 흥미 검사, 다중 지능 검사를 추천한다. 중학생이라면 홀랜드 검사나 스트롱 직업 탐색 검사 그리고 MBTI FORM G 성격 유형 검사를 추천하고, 고등학생이라면 홀랜드 검사나 스트롱 직업 흥미 검사 그리고 MBTI FORM K 성격 유형 검사, 다중 지능 검사를 추천한다. 만약 아이의 진로뿐만 아니라 생활태도와 학습 태도 전반에 걸쳐 알기를 원한다면 주식회사 일등공신의 진로학습종합검사를 실시해볼 것을 권한다.

이처럼 아이가 원하는 직업, 부모나 친구가 추천하는 직업, 심리검사나 직업카드에서 분류된 직업을 모두 적고 나면 마지막으로 각각의 칸에서 공통된 직업을 간추리면 된다. 예를 들면 자신이 원하는 직업에 청소년 상담사, 방송작가, 심리치료사를 적었다고 가정해보자. 부모나 친구가 추천하는 직업군에서 공무원, 외교관, 상담사, 직업카드 놀이에서 미술치료사, 상담사, 방송작가, 그리고 심리검사 추천 직업에서 방송작가, 청소년 상담사, 방송 PD 등이 나왔다면 공통으로 나온 직업은 상담사이다. 그러면 교집합 직업군란에는 '상담사'라고 적는다. 만약 공통된 것이 하나도 없다면 종합 직업군 목록에서 아이가 원하는 직업 3가지를 적게 한다. 그리고 이 3가지 직업군 각각의 롤 모델 멘토를 만나도록 주선하기 바란다. 마지막으로 충분히 직업군 멘토를 만나고 난 뒤 직업 정보를 탐색하여 진로 의사 결정을 한다.

이처럼 종합 직업군 목록을 작성하기 위해선 평소에 아이 스스로 자신이 무엇을 원하는지 인식할 수 있어야 하고, 그러기 위해서는 부모와 자녀 간에 건강한 대화 패턴이 형성되어야 한다. 진로교육은 아이와의 '깊은 대화'라는 정신적, 물질적 투자가 있어야만 효과가 있으며, 그 대가는 '행복'으로 돌아온다는 것을 기억하길 바란다.

정체성이란 '나의 정체는 무엇인가? 나는 누구인가? 나는 어떤 사람인가?', '앞으로 어떻게 살아갈 것인가?' 같은 질문에 대한 답이다.

정체성을 형성하는 여러 가지 요소가 있다. 예를 들면 친구, 학교, 특기와 재능, 꿈, 진로 선택, 외모, 행동, 능력, 가치관 등이다. 아이들은 사춘기가 되면 이 모든 것을 고민하기 시작한다. 자신의 외모, 친구 문제, 진로, 행동 등에 대한 고민하지 않는 아이는 없다. 더욱이 사춘기 시절의 아이는 불확실한 미래에 대한 두려움과 불안, 외로움을 느끼는데, 이들에게는 이해와 사랑하는 마음으로 자신만의 고민을 들어줄 사람이 반드시 필요하다.

사춘기 시절 정체성을 확립한 아이들은 다른 친구들과 관계를 형성하기도 쉽고 친구들이나 이성 간에도 건강한 관계를 만든다. 건강한 관계를 통해 형성된 자아 정체성은 사춘기를 넘어 어른이 되어 사회에 진출한 후에도 영향을 미치게 된다.

반면 정체성이 건강하게 확립되지 않으면 대인관계에서 뿐만 아니라 심리적으로도 문제를 겪기 때문에 부모, 특히 아버지나 선배 같은 역할을 해줄 대상이 꼭 곁에 있어야 한다.

아이는 자신이 중요하게 생각하는 사람에게 사랑받고 있다고 느끼고, 잘못한 것이 있어도 용납하고 인정해주는 사람이 있다는 사실을 깨달으면 건강한 자아를 형성할 수 있다. 만약 아이가 자신의 정체성, 즉 자신이 누구인지 발견한다면 스스로 자신의 행동, 능력,

청소년 시기의 정체성

환경을 바꿔나갈 힘이 생길 것이고, 자신의 소명·사명·비전을 발견하는 계기가 될 것이다.

PART 03

주기적으로
대화하라

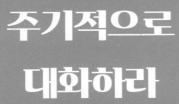

Chapter 01

자녀의 뇌를
먼저 이해하라

가양동에서 만났던 한 부모는 아이에게 어떤 이야기를 해도 말없이 멍한 표정으로 쳐다보는 것이 속상하다고 하소연을 했다. 그 부모님은 '이 아이가 지능이 좀 떨어지는 것이 아닐까? 아니면 우리 가족 내력이 아닐까?'라고 생각했다. 그러나 그것은 아이의 뇌 성향에 대해 부모가 잘 인식하지 못하기 때문이다. 아이들을 잘 살펴보면 좌뇌가 더 발달한 아이, 우뇌가 더 발달한 아이로 분류할 수 있다. 그러나 부모가 자기 중심적인 기준을 가지고 지능발달에 대해 논하는 것은 권하고 싶지 않다.

좌뇌형 아이와 우뇌형 아이의 특징

보통 청소년 심리에서는 아이를 좌뇌형, 우뇌형으로 명확하게 구분하지 않는다. 좌뇌, 우뇌에 대한 연구는 미국 시카고대학교의 생물심리학과 교수였던 로저 스페리(Roger Sperry)로부터 시작되었다. 그는 인간의 눈을 통하여 외부 세계의 정보가 어떻게 뇌에 도달하는지에 대한 연구를 하기 시작하였고 T. N. 비셀, D. H. 허블과 함께 비밀을 밝혀낸 업적으로 1981년 노벨 생리·의학상을 수상했다. 인간의 뇌는 당시까지

거의 미지의 세계로 남아 있었으나 로저 스페리의 연구로 뇌의 내면 세계가 밝혀지기 시작하였다.

최근 들어 아이들을 좌뇌형, 우뇌형으로 극단적으로 단순화하여 학습 지도 및 진로 지도에 반영하는 경우가 많은데, 이는 매우 위험한 발상이다. 왜냐하면 아직까지 의학적, 과학적으로 좌뇌, 우뇌의 기능이 명확하게 밝혀지지 않은 상태이고, 더욱이 진로 지도 시에는 아이의 잠재력을 좌뇌, 우뇌로 구분하기보다 아이들의 특성과 적성에 맞추는 것이 보다 현명하기 때문이다. 즉 좌뇌, 우뇌에 대한 연구는 현재 진행 중이며 이는 명확히 증명된 사실이 아닌 학자들의 연구용 정보이기 때문에 무리수는 두지 말았으면 좋겠다. 다만, '더 발달'한 유형과 '덜 발달'한 유형으로 분류할 수는 있다. 자신도 모르게 선호하는 뇌의 기능은 타고나는 것도 있지만 지식과 기술을 통해 훈련되는 것도 있다.

다만 부모가 진로 지도를 할 때 중요한 것이 바로 소통인데, 효과적으로 소통하기 위해서는 아이가 언어를 어떻게 인식하고 처리하는지에 초점을 두어 대화를 하는 것이 중요하다.

대략적으로 좌뇌형 학생의 경우에는 언어, 숫자, 논리, 분석, 수학, 과학, 꼼꼼한 면이 발달되어 있다. 반면 우뇌형 학생의 경우에는 시각적인 이미지와 패턴을 좋아하고 직관적이며, 동시다발적인 사고가 가능하고, 세부적인 것보다 전체를 보는 성향이 강하다. 그리고 창조적이고 탐구적이며 감성적인 면이 있다. 내 아이가 좌뇌와 우뇌 중 어느쪽이 더 발달했는지 궁금하다면 간단한 테스트를 통해 도움을 받을 수 있다.

다음은 좌뇌 발달형 아이와 우뇌 발달형 어머니가 나누는 대화다.

아이(좌뇌 발달형) | 엄마, 수학 공부를 도대체 왜 하는 거야? 나중에 함수, 방정식 써먹지도 않을 건데 꼭 해야 돼?

엄마(우뇌 발달형) | 네 꿈을 한번 생각해봐. 네 꿈을 이루는 데 분명 도움이 될 거야.

양손 깍지를 꼈을 때 …

우뇌형 : 왼쪽 엄지손가락이 위로 올라감

좌뇌형 : 오른쪽 손가락이 위로 올라감

팔짱을 꼈을 때 …

우뇌형 : 왼팔이 위로 올라감

좌뇌형 : 오른팔이 위로 올라감

위의 대화를 통해 어떤 느낌을 받았는가? 아이의 질문에서 부모가 반드시 인식해야 할 것은 '왜'라는 의문사다. 그런데 어머니의 대답은 어떠했는가? '네 꿈을 생각해봐. 꿈을 이루는 데 도움이 될 거야.' 아이는 이유를 묻는데 어머니의 대답은 매우 추상적이다.

다음은 우뇌 발달형 아이와 좌뇌 발달형 어머니가 나누는 대화다.

아이(우뇌 발달형) | 엄마, 수학 공부 지겨워. 선생님도 싫고 수업시간도 재미없어.

엄마(좌뇌 발달형) | 얘가 지금 큰일 날 소리 하고 있네. 네가 지금 공부 안 하면 뭐 할 건데? 지금은 공부만 할 때야. 딴생각 말고 공부만 해.

위의 대화 내용을 들으니 어떤가? 아이가 원하는 것은 수학 공부가 지겹고 선생님도 싫고 재미도 없으니 내 마음 좀 알아달라는 것이다. 그런데 부모의 대답은 어떠했는가? 매우 현실적이면서 구체적인 대답이다. 대화가 이러니 갈등이 안 생기겠는가? 이런 대화 패턴이 5년 이상 계속되었다면 아이의 감정 상태를 충분히 파악할 수 있을 것이다.

종합적으로 볼 때 좌뇌 발달형 아이와 대화를 할 때는 매우 구체적으로 대답해주어야 한다. 머리로 이해가 되면 행동으로 옮기는 유형이다. 이 유형은 문제가 발생하면 원인을 생각한다. 그래서 좌뇌 발달형 아이와 이야기할 때는 먼저 아이의 질문에 대해 구체적으로 설명해줘야 한다. 그런데 구체적으로 설명하기가 어렵다고 판단되면 차라리 아이가 생각할 수 있는 질문을 하길 바란다.

반면 우뇌 발달형 아이와 대화할 때는 무엇보다 먼저 감정을 읽어주는 것이 좋다. 이 아이에게는 옳고 그름이 아니라 좋고 싫음이 중요하기 때문에 부모의 감성을 100% 활용하는 것이 좋다. 많은 부모들은 이때 "아, 저는 그렇게 못해요."라고 이야기한다. 그러나 잘 생각해보자. 아이가 막 태어났을 때 아이를 향해 까꿍, 도리도리 하며 몸짓, 손짓 했던 적이 있지 않았나? 그때 정성의 10%만이라도 사용해달라는 것이다. 따라서 부모가 아이의 뇌 발달 유형뿐만 아니라 청소년기 뇌의 특징에 대해 이해하고 있다면 대화가 원활하게 진행될 것이다. 무엇보다 사춘기 청소년들은 왜 반항적으로 변하는지 많은 분들이 궁금해 하는데, 생물학적 관점에서 뇌의 특징을 이해하면 도움이 될 것이다.

뇌의 특징 이해하기

여자아이는 대략 초등학교 4학년 혹은 5학년, 남자아이는 6학년 혹은 중학교 1학년 정도 되면 뇌는 신경세대 연결망을 새로 짜기를 원한다. 아이가 태어나고 난 뒤 2년 동안 신경세포는 부지런히 많은 시냅스를 만들어낸다. 그리고 신경세포의 연결망은 상당히 복잡한데, 사춘기가 시작되면서 뇌에서는 또다시 10년 전처럼 새로운 시냅스가 만들어진다. 2살 때까지는 무분별하게 시냅스가 만들어졌다면 사춘기 때 만들어지는 시냅스는 옳고 그름을 판단하는 전두엽이 자리를 잡을 수 있도록 도와주는 역할을 한다.

뇌에서 기쁨, 분노 같은 여러 가지 감정을 담당하는 부분을 대뇌변연계라고 하는데, 여기서 아몬드 모양의 편도체가 중요한 역할을 한다. 편도체는 두려움을 느낄 수 있는 기능을 담당한다. 뇌 과학자들은 뇌에서 감정을 담당하는 부분이 어른이 되면서 편도체에서 전두엽으로 바뀐다는 결론을 내렸다. 이것은 청소년들이 왜 혼돈 상태에 빠져드는지 설명해준다. 사춘기의 변화와 혼란은 그동안 성호르몬 분비 때문이라고 알려져 왔으나 성호르몬뿐만 아니라 사춘기 시절의 뇌, 특히 두려움을 느끼는 감정에서 옳고 그름을 판단하는 감정으로 바뀌기 때문에 나타나는 결과이기도 하다.

변화된 뇌는 그 자체에 만족하지 않고 어딘가에 사용되기를 원한다.

그래서 청소년들은 뇌를 더 강력하게 자극하는 새로운 경험을 적극적으로 찾아 나선다. 이어폰을 귀에 꽂고 시끄러운 음악을 듣는다든지, 선생과 부모에게 반항하는 것도 그 때문이다. 그런데 이렇게 변화된 뇌는 새로운 창의성도 발휘하라고 명령한다. 자신만의 것을 만들어내고 개성을 표현하며 새로운 음악을 좋아하고 삶의 의미를 새롭게 해석하는 등의 행동은 모두 자신의 삶을 보다 주도적으로 살고 깊이 있게 발전시키고 싶은 창의적 욕구의 표현일 것이다.

사춘기 뇌의 특징 7가지

❶ 사춘기 뇌는 감정 중심으로 움직인다.

❷ 정보 전달을 하는 시냅스가 많아 다면적 사고가 어렵다.

❸ 사춘기에는 뇌세포의 연결망이 과잉 생산된다.

❹ 감수성이 예민해지고 성욕이나 식욕이 왕성해진다.

❺ 사춘기 동안 세로토닌이 40% 적게 나온다. 감정기복이 심해지고 우울증과 짜증, 적대감이 심해진다.

❻ 만 18세까지 경험으로 강화된 뇌세포 연결망은 존속하나 나머지는 소멸된다.

❼ 사춘기에도 전두엽은 계속 자란다.

Chapter 02

대화의 태도가 중요하다

아이는 부모와 대화할 때 부모가 이야기를 듣고 있는지 안 듣고 있는지 안다. 어른들은 아이들이 이야기를 안 듣는다고 생각하지만 실상 아이들은 안 듣는 것 같으면서도 다 듣고 있다. 반면 어른들은 듣는 것 같지만 잘 듣지 않는 경우가 허다하다.

아이는 부모와 이야기를 할 때 부모가 자신의 이야기를 잘 들어주기를 원한다. 자신의 이야기를 잘 들어주고 있다고 아이가 느끼게 하기 위해서는 아이의 이야기를 정말 듣겠다는 마음의 태도와 경청의 기술이 필요하다.

대화는 태도와 기술로 나뉜다

빙산의 수면 아래는 대화의 태도에 해당한다. 즉 아이의 이야기를 듣겠다는 마음의 태도를 말한다. 인내 · 성실 · 수용하는 자세, 들으려는 자세 등이 여기에 속한다. 그리고 대화의 기술은 상대방으로 하여금 이야기를 내가 듣고 있다고 느끼게 해준다. 그럼 어떻게 하면 아이에게 어머니가 '자신의 이야기를 듣고 있구나'라고 느끼게 할 수 있을까? 이를 알기 위해서는 유아기 때 대화했던 기억으로 되돌아가볼 필요가 있다.

유아기 때 언어를 익히게 하기 위해서 어머니는 몸짓 발짓 해가며 아이를 돌본다. 이때 아이의 감정을 잘 파악하는 어머니는 '아, 아이가 지금 배고프다고 하는구나', '아, 아이가 지금 오줌이 마렵다고 하는구나'를 알아차린다. 아이의 감정 상태를 파악하지 못하는 어머니는 어떻게 애를 달래야 할지 몰라 노심초사한다. 그래서 여기저기 물어도 보고 초보 엄마로서 시행착오를 겪는다. 아이와의 소통은 이렇게 처음부터 감정을 알아차리고 비언어적 몸짓을 하는 데서부터 시작했으나 아이가 언어를 사용하게 된 후로는 감정보다 정보 전달 위주의 대화로 전락하는 경우가 많다. 그러다 보니 아이의 이야기를 듣겠다는 자세도 없고 아이와 대화를 하면서 신뢰도 얻지 못한다.

부모와 자녀의 소통이 어려운 이유

2012년 9월 엄코치연구소에서는 서울 지역 초·중·고학생 1,000명을 대상으로 '부모와 자녀 간 소통 문제의 원인'을 연구하였다. 설문의 답을 살펴보니 '부모님이 이럴 땐 대화를 하고 싶지 않더라'라는 질문에 대한 답 1위는 '자신의 이야기를 끝까지 듣지 않는 것'이라고 하였다. 성경에는 "네 자녀를 노엽게 하지 말라"라는 문구가 있다. 부모 교육과 학생 교육을 오랫동안 해오다 보니 학생들은 자신의 이야기를 부모가 들어주지 않는 데 대한 분노가 쌓여 있다는 것을 알게 되었다. 교육청에서 학부모 대상으로 강의를 할 때 어머니들에게 자녀와 대화를 어디에서 주로 하는지 물어보면 주방에서 한다는 대답이 제일 많았고, 그것도 설거지를 하면서 대화하는 경우가 많다고 했다. 동시 행동이 가능한 어머니들은 설거지를 하면서도 들을 건 다 듣는다고 한다. 그러나 아이들은 어머니가 설거지를 하고 있을 땐 자신의 이야기를 주의 깊게 듣고 있다고 생각하지 않았다.

실제로 미국 캘리포니아대학교의 알버트 메라비언이 1970년에 쓴 『침묵의 메시지』에 따르면, 보통 상대방이 받아들이는 이미지는 비언어적 몸짓이 55%이고, 어조·억양·음성 같은 청각은 38%, 그리고 우리가 사용하는 언어는 7%에 해당한다고 한다. 소통을 할 때 대화의 내용보다 내용과 상관없는 비언어적 몸짓, 즉 들을 때의 자세, 표정, 말투, 억양 등이 93%를 차지한다는 것이다.

태도가 중요하다는 것은 '경청(傾聽)'의 속뜻을 보면 확실히 알 수 있다. 부모가 아이 옆에 앉아서 아이의 이야기를 듣겠다는 마음, 편견 없이 듣는 열린 귀, 그리고 진심으로 아이와 대화를 나누면 아이는 부모를 왕으로 여긴다는 뜻이다. 다시 말해 아이의 이야기를 듣기 위해선 태도가 더 중요하다는 것이다. 이런 대화 자세를 부모가 보여준다면 아이는 자신이 부모에게 존중과 지지를 받는다고 느낀다는 것을 '경청'이라는 한자 뜻에서도 엿볼 수 있다. 올바른 경청 태도를 가진 부모에게서 자란 아이는 미래에 대한 자신감도 있고 나이가 들어가면서 부모를 존경하게 될 것이다. 결국 자녀와의 깊은 신뢰 형성은 그 부모의 경청 태도에서 비롯된다는 점을 눈여겨볼 만하다.

이제 아이와 올바른 관계를 형성할 수 있도록 리처드 밴들러가 고안한 뇌신경 언어 이론을 바탕으로 관계 형성의 기술을 소개하고자 한다. 뇌신경 언어 프로그램(NLP) 이론은 이미 다국적 기업과 공공기관, 학교에서 경영, 세일즈, 대인관계 등에서 자주 사용하는 것으로, 사람이 경험한 모든 것은 언어화될 수 있다는 전제에서 시작된다. 이를 부모와 자녀 관계로 풀어보면 다음과 같다.

자녀와 올바른 관계 맺기의 기술

첫째, 자녀와 올바른 관계를 맺기 위해서는 먼저 말과 행동이 일치하는 삶의 태도가 필요하다. 아이가 옳고 그름을 구분할 수 있는 아동기가 되면 아이들은 부모가 약속한 것을 지키는지 지키지 않는지 살펴보는데, 이는 관계의 신뢰성과 관련이 있다. 그래서 부모는 아이에게 약속을 지키는 모습을 보여주고, 말과 행동이 일치하는 삶을 살기 위해 부단히 노력해야 한다.

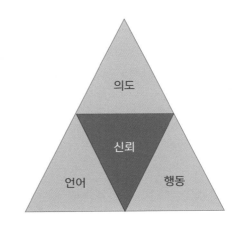

〈표 : 신뢰의 조건〉

둘째, 관계의 기술이다. 의사소통을 하는 과정에서 우리는 자신이 선호하는 감각 체계를 사용하는 경향이 있는데, 감각 체계에 대해 알면 이를 활용하여 관계를 잘 형성할 수 있다.

시각(Visual) | 어떤 사람은 마음속에서 확실한 이미지를 바탕으로 상

황을 인식하고 시각적인 언어를 사용한다. 예를 들면 밝기를 표현하는 말이라든지 혹은 크기 및 색깔, 형태, 움직임, 선명도 등을 표현하는 것이다. "하늘이 밝아 보여요.", "옷이 참 예뻐요." 등은 모두 시각적 언어를 활용하는 사람들의 표현이다.

청각(Auditory) | 어떤 사람은 소리를 바탕으로 상황을 인식하고 청각적인 언어를 사용한다. 예를 들면 소리, 리듬, 음색, 음량, 노래, 지저귐, 울림 등이다. "천사의 소리 같았어요.", "아름답게 들려요." 등은 모두 청각적 언어를 사용하는 사람들의 표현이다.

체각(Kinesthetic) | 어떤 사람은 느낌을 바탕으로 상황을 인식하고 체각적인 표현을 사용한다. 예를 들면 느낌, 온도, 감각 등이다. "편안함을 느껴요.", "가슴이 벅차올라요." 등은 모두 체각적 언어를 사용하는 사람들의 표현이다.

그래서 부모는 아이가 사용하는 언어가 시각적인지, 청각적인지, 체각적인지 구분하고 아이의 감각 체계 유형에 맞게끔 표현해주면 아이는 동일한 언어로 받아들여 부모와 공감대가 형성되기 시작한다. 사춘기 자녀의 경우 대화를 통해 감각 체계 유형을 찾기 힘들 수 있는데 이럴 때는 눈동자 접근 단서를 활용해볼 것을 권한다.

눈동자 접근 단서 활용 방법

다음 그림에서 보면 알 수 있듯이 아이와 대화할 때 눈동자가 위로 올라가면 그 아이는 시각 유형에 가깝다. 그리고 눈동자가 위로 올라가다가 미래와 관련된 질문을 하면 아이의 눈동자는 오른쪽으로 향한다. 지금 한번 실험해보자.

"이 책을 읽고 난 뒤 내일부터는 무엇을 할 건가요?"라는 질문에 눈동자가 어디로 향해 있는가? 아마도 오른쪽으로 향해 있을 것이다.

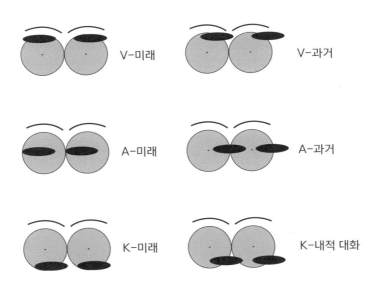

그런데 과거와 관련된 질문을 하면 아이의 눈동자는 왼쪽으로 향한다. "지난 주 일요일 오후 5시경에 아이와 무엇을 하셨나요?"라는 질문에 눈동자가 어디로 향해 있는가? 아마도 왼쪽으로 향해 있을 것이다. 만약 아이가 대화를 할 때 눈동자가 중간쯤에서 왔다 갔다 한다면 아이는 청각 유형에 가깝다는 것을 알 수 있고, 대화를 할 때 아이 눈이 계속 아래를 내려다본다면 체각 유형에 가깝다고 볼 수 있다.

예를 들어 어머니는 시각 유형이고 아이는 체각 유형이라고 가정해 보자. 어머니가 아이에게 "우리 아인이 참 좋아 보인다. 아인이 오늘 옷을 예쁘게 입었네."라고 표현하기보다 "아인이 오늘 예쁜 옷 입었는데 기분은 어때?" 혹은 "아인이, 오늘 느낌이 어때?"라고 표현하면 어떨까? 아이의 언어로 표현했기 때문에 아이가 받아들이는 기분이 좀 남다를 것이다.

아이와 말을 맞추는 기술

세 번째로는 말 맞추기다. 말 맞추기에는 순차 말 맞추기와 요약 말 맞추기가 있다.

순차 말 맞추기는 상대방의 말을 그대로 따라하는 것인데, 무작정 따라하면 아이가 이상한 눈으로 쳐다볼 수 있다. 그래서 의미 있는 부분만 따라한다.

예를 들어 아이가 "엄마, 오늘 학교 끝나고 친구 집에서 숙제하고 오면 안 돼?"라고 이야기했을 때 부모들은 대개 "안 돼, 곧바로 집으로 와."라고 대답할 것이다. 그런데 여기서 순차 말 맞추기를 한다면 어떻게 하면 좋을까? 가장 의미 있는 부분은 아이가 친구 집에서 숙제하고 오면 '안 돼?'가 핵심이니 어머니는 "친구 집에서 숙제하고 온다는 말이지?"라고 아이의 말을 따라서 한다. 그렇게 하면 우선 아이는 엄마가 자신의 이야기를 잘 듣고 있다고 느낀다.

요약 말 맞추기는 이야기를 다 듣고 난 뒤에 아이에게 요약해서 말을 되돌려주는 것이다. 그 예로 "엄마, 난 나중에 커서 변호사가 돼서 법이 있어도 억울하게 하소연할 데 없는 사람들을 위해 봉사하는 삶을 살고 싶어. 그래서 약한 사람들에게 기회를 더 줄 수 있는 나라를 만들고 싶어."라고 했다면 "그래, 우리 지원이는 나중에 커서 변호사가 돼서 억울한 사람들을 위해 봉사도 하고 약한 사람들에게 기회를 줄 수 있는 나라를 만들고 싶다는 거구나."라고 하여 아이가 했던 용어 그대로 되돌려주는 것이다. 상상해보자. 이 말을 들은 아이의 기분이나 감정이 어떨지.

이렇게 말을 맞추는 기술은 반드시 아이의 이야기를 듣겠다는 태도가 갖춰진 다음에 사용해야 한다. 따라서 자녀와 신뢰할 수 있는 대화를 하기 원한다면 이번 주부터라도 당장 시작하길 권한다. 바로 실행할 수 있는 것부터라도 하나씩 시작해보자. 신뢰가 바탕이 되는 대화는 하루 아침에 완성되는 것이 아니라 끊임없이 배우고 실천함으로써 이루어진다는 것을 기억해야 한다.

Chapter 03

대화의 기술을 익히라

가전제품을 구매할 때 제품과 함께 꼭 들어 있는 것이 바로 제품 사용설명서일 것이다. 물론 제품의 사용법을 이미 잘 알고 있는 고객이라면 사용설명서를 볼 필요 없이 제품을 바로 사용할 수 있다. 때로 가전제품은 코드만 꽂으면 곧바로 어렵지 않게 작동시킬 수 있기 때문에 사용설명서를 크게 중요하게 생각하지 않을 수도 있다. 그러나 소통을 할 때는 좀 다르다. 왜냐하면 나의 대화 방법이 제대로 작동되고 있는지 검증할 길이 없기 때문이다. 자신은 편하게 이야기하고 있지만 상대방은 속으로 끙끙 앓고 있을 확률이 높다. 아이를 키울 때는 더욱 그렇다.

진로코칭을 신청한 어머니들을 만나 자녀의 문제점에 대해 듣다 보면 문득 드는 생각이 하나 있다. '아이와 엄마 사이의 갈등을 가장 크게 유발시키는 것은 무엇일까?' 필자는 백이면 백 대화 방법에 문제가 있고, 그 안에 오해의 요소가 너무 많다는 것을 발견했다. 따라서 사춘기 자녀의 진로 지도를 효과적으로 하기 위해 부모는 먼저 대화 방법을 잘 배울 필요가 있다.

말해주기와 질문하기

문제는 '어떻게 대화를 하느냐'이다. 대화는 크게 말해주기와 질문하기로 나눌 수 있다. 그렇다면 말해주기는 언제 하는 것이 좋을까? 그리고 질문하기는 언제 하는 것이 좋을까?

먼저 말해주기는 아이가 정말 궁금해 하는 것을 제대로 설명해줄 때 도움이 된다. 반면 질문하기는 아이의 호기심을 이끌어내는 데 도움이 된다. 청소년 진로코칭을 할 때 필자가 주로 사용하는 것은 말해주기보다 질문하기다.

질문이란 생각을 열어주는 기술이며, 아이 스스로 문제를 자각하거나 발전시키게 하고, 해결 방법을 찾을 수 있게 도와준다. 그래서 질문을 하면 아이가 화두를 자신의 문제로 여기며 참여하게 만들 수 있다. 질문을 통해 아이의 생각을 알 수 있을 뿐만 아니라 숨겨진 의도나 사실을 알 수도 있다. 이렇게 질문하기가 좋은 이유는 계속하다 보면 아이의 핵심 가치를 알 수 있어 아이를 궁극적으로 대화의 주체로 세울 수 있기 때문이다.

부모는 아이의 대화 파트너로서 좋은 질문을 구사할 수 있어야 한다. 좋은 질문의 특징은 이해하기 쉽고 간단하며 상대방을 생각하게 만든다. 또 진실한 마음을 갖도록 유도한다. 이런 특징들을 바탕으로 아이와 보다 쉽게 대화를 나눌 수 있도록 I-STAR 대화 모델을 소개한다.

I-STAR 1단계 I-design에서는 대화를 시작하려는 사람의 마음 자세를 점검한다. 부모가 지금 아이와 대화할 준비가 되어 있는지, 부모의 태도, 몸짓이 아이에게 집중할 여건이 되어 있는지 파악한다. 2단계 S는 Set the Goal의 약자로, 기대 목표를 말한다. 사람은 반드시 대

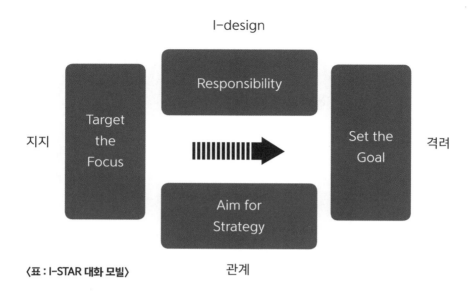

I-design

Responsibility

지지   Target the Focus   Set the Goal   격려

Aim for Strategy

〈표 : I-STAR 대화 모빌〉   관계

화를 할 때 목적을 가지고 있다. 그것은 감정이나 손짓, 발짓, 얼굴 표정으로 나타난다. 3단계 T는 Target the Focus로, 현실 파악을 말한다. 기대 목표를 이루기 위해서는 현재 자신에게 일어나고 있는 상황을 파악할 필요가 있다. 4단계 A는 Aim for Strategy로, 전략 세우기를 말한다. 기대 목표를 이루기 위해 자신이 지금부터 할 수 있는 것은 무엇이고, 장애요인은 무엇인지 알아본다. I-STAR 대화 모델 5단계 R은 Responsibility로, 책임지기를 말한다. 자기 스스로 세웠던 전략을 생각해보고, 부모와 자녀가 상호간에 책임을 지고 어떻게 실천할 것인지 액션플랜을 작성한다. 각 단계에서 이루어져야 할 것들과 사용할 수 있는 질문은 다음과 같다.

1단계 자기점검(I-design)

이 단계에서 이루어져야 할 것은 다음과 같다.

❶ 부모와 아이가 올바른 관계 형성을 하고 있는지 점검해보아야 한다. 무엇보다 부모의 감정 상태를 돌아보고 마음의 태도를 가다듬고 앞에서 설명한 감각 체계 유형을 살펴보거나 말 맞추기를 잘할 수 있도록 점검할 필요가 있다.

❷ 아이를 대화의 주체로 세운다. 보통 대화를 하다 보면 일방적으로 대화를 하게 되는 경우가 참 많다. 한 사람은 듣기만 하고 한 사람은 말만한다. 이 방법은 좋지 않다. 상호 의사소통이 되기 위해서는 무엇보다아이가 대화의 주체가 되어야 하는데, 그러기 위해서는 올바른 관계를형성한 뒤 질문을 해야 한다.

2단계 기대 목표(Set the Goal)

❶ 대화의 목적을 바로 알고 있어야 한다. 아이와 관계가 좋은 집은 자연스럽게 아이에게 기대 목표를 확인할 수 있는 질문을 할 수 있으나 그렇지 않은 집의 경우에는 괜한 질문을 한다고 오해받을 수도 있다. 그래서 아이가 대화를 시도하려고 할 때는 하던 일을 멈추고 함께 자리에 앉아서 충분히 공감하고 지지해주면서 아이가 원하는 것을 긍정적으로표현하도록 도와주어야 한다.

실제로 인천의 한지원 학생 집에서 겪었던 일이다. 어느 날 큰딸 지원이가 어머니에게 동생 문제로 "엄마, 나 영석이 때문에 미치겠어."라고 말했다. 설거지를 하고 있던 어머니는 일을 잠시 멈추고 "그래, 속이 상했나 보구나. 그래 뭐가 그렇게 속상했니? 말해봐."라고 대답했다.

그러자 지원이는 "자꾸 영석이가 약을 올리잖아."라고 말했고 교육을 받은 엄마는 "그럼 지원이가 가장 원하는 것은 뭐야?"라고 물었다. 지원이는 "영석이를 때려주고 싶어."라고 표현했다. 이것은 기대 목표가 될 수 없다. 왜냐하면 올바른 기대 목표의 조건은 반드시 긍정적인 문장이어야 하고 자신이 영향을 미칠 수 있는 범위 안에 있어야 하기 때문이다.

이럴 때 엄마는 얼른 "지원이가 '영석이를 때려주고 싶어'라고 한 말을 긍정적으로 표현하면 어떻게 될까?"라고 물어봐야 한다. 그 옆에서 지켜보고 있던 필자가 이 말을 대신 지원이에게 했더니 지원이는 "속상한 내 마음이 풀렸으면 좋겠어요."라고 대답했다.

❷ 기대 목표 뒤에 숨겨진 뜻을 찾아야 한다.

이렇게 지원이가 엄마에게 와서 "영석이를 때려주고 싶어."라고 이야기했으나 그 말 뒤에는 "속상한 내 마음이 풀렸으면 좋겠어요."라는 말이 있는 것처럼 부모는 대화를 할 때 표면 뒤에 숨겨진 뜻을 찾아야 한다. 이 단계에서 할 수 있는 질문들은 다음과 같다.

이 질문들을 가지고 필자가 학생들과 직접 진로코칭을 했던 사례를 소개한다.

- 지금 대화에서 필요한 것은 무엇이니?
- 네가 변화시키고 싶은 것은 무엇이니?
- 네가 지금 가장 원하는 것은 무엇이니?

엄 코치 그래 영제야, 이번 코칭을 통해 네가 얻고 싶은 것은 무엇이니?

영제 인문계 고등학교에 가야 할지 아니면 특성화 고등학교에 가야 할지 잘 모르겠어요.

엄 코치 음 그렇구나. 어느 학교를 가야 할지 모르겠다는 말이지? 네가 지금 이 순간 정말 원하는 것은 무엇이지? '나는 ~~하길 원한다' 형태로 표현해보겠니?

영제 음. 나는 고등학교 진학 문제에서 벗어나길 원한다.

엄 코치 조금 더 긍정문으로 표현해볼래?

영제 나는 고등학교 진학 문제를 해결하길 원한다.

엄 코치 기대 목표가 원하는 문장 맞니?

영제 네.

엄 코치 고등학교 진학 문제가 해결되면 영제는 무엇을 얻을 수 있니?

영제 좀 더 편안하고, 공부를 더 잘할 수 있을 것 같아요.

엄 코치 좀 더 편안하고, 공부를 더 잘할 수 있는 상태가 된다면 영제가 얻을 수 있는 것은 무엇이니?

영제 친구나 부모님으로부터 인정받을 수 있을 것 같아요.

엄 코치 고등학교 진학 문제가 해결되면 좀 더 편안하고 공부를 잘할 수 있고, 공부를 잘할 수 있는 상태가 되면 친구나 부모님으로부터 인정을 받을 수 있다는 거지? 그렇다면 궁극적으로 네가 얻을 수 있는 것은 무엇이니?

영제 행복이요.

엄 코치 그런 행복을 추구하는 너는 어떤 사람이니? '나는 ~~사람이다' 라고 표현한다면?

영제 나는 어떠한 어려운 문제도 해결해나갈 수 있고 주위 사람들로부터 인정받으며 행복을 느끼는 사람이다.

위의 대화문에서도 알 수 있듯이 모든 대화에는 반드시 목적이 있다. 이 대화를 할 때 우리는 방 분위기를 조용하게 만들었고, 필자는 영제와 대화를 하면서 영제가 말하는 대화 내용 이면에 숨겨진 속뜻을 알기 위해 관찰하고 또 관찰했다.

3단계 현실 파악(Target the Focus)

이 단계에서 이루어져야 할 것은 다음과 같다.

❶ 자료 수집과 사실
❷ 현실 상황에 대한 아이의 감정 파악하기
❸ 장애요소가 무엇인지 파악하기

아이들은 자신이 원하는 기대 목표를 다른 형태로 표현하더라도 부모는 그 표현 뒤에 숨어 있는 속뜻과 아이의 감정을 우선적으로 파악해야 한다. 그리고 기대 목표를 이루기 위해 예상되는 장애요소는 무엇인지 파악해야 한다. 이 단계에서 할 수 있는 질문들은 다음과 같다.

- 무엇을 할 수 있는가?
- 어떤 결과를 원하는가?
- 그것도 하나의 방법이다. 다른 방법은?
- 당신이 이미 시도해본 것은 무엇인가?
- 무엇이 가장 효과가 있겠는가?
- 그것에 대해 좀 더 자세히 말해달라.
- 다른 사람들에게 효과가 있었던 것은 무엇인가?
- 그것에 대해 어떻게 생각하는가?
- 다시 시작할 수 있다면 무엇을 바꾸겠는가?
- _____은 당신에게 어떻게 보이는가?
- 무엇이 누락되었다고 생각하는가?
- 이 중에서 가장 어려운 것 3가지는 무엇인가?
- 핵심적인 장애요소는 무엇인가?

이 질문을 사용한 진로코칭 대화문이다.

엄 코치 고등학교 진학 문제를 해결하기 위해 이미 시도해본 것 3가지를 든다면 무엇이 있니?

영제 첫째는 엄마랑 이야기를 해보았고요, 둘째는 인문계 고등학교에 다니는 형이랑, 셋째는 특성화 고등학교에 다니는 형이랑 이야기를 해보았어요.

엄 코치 시도해본 것들의 결과는 어땠니?

영제 좋은 정보도 얻고 결정하는 데 많은 도움이 되었어요.

엄 코치 결정하지 못하는 2%는 무엇이지?

영제 인문계 고등학교를 가면 지금 성적으로는 중간 이하를 할 것 같고요, 특성화 고등학교를 가면 그래도 대학 가기가 쉽다는 이야기를 들었거든요.

엄 코치 인문계 고등학교를 가게 되면 네가 얻을 수 있는 것이 무엇이니?

영제 그래도 인문계 고등학교 다닌다는 주변 사람들의 인정이요.

엄 코치 그래, 충분히 그럴 수 있겠네.

영제 그런데 특성화 고등학교를 가면 학교 내신 잘 나오고, 수능 준비만 잘하면 대학 가는 건 그나마 좀 쉬울 것 같아요.

엄 코치 그럼 특성화 고등학교를 선택하면 네가 얻을 수 있는 것은 무엇이니?

영제 대학에 좀 더 쉽게 갈 수 있다는 것이요.

위의 대화문에서 보았듯이 영제는 중3 학생으로 특성화 고등학교를 갈지, 아니면 인문계 고등학교를 갈지 고민 중이었다. 이 대화를 하기 전 필자는 이미 영제 안에 답이 있다고 믿었고, 단지 질문을 통해 영제가 자신의 생각을 잘 정리할 수 있도록 도와야겠다고 생각했다.

4단계 전략 세우기(Aim for Strategy)

이 단계에서 이루어져야 할 것은 다음과 같다.

① 옳은 답을 찾는 것이 아니라 가능한 많은 대안 찾기
② 가능성을 탐색해보기

이 단계에서는 가능한 한 많은 대안을 함께 찾아본다. 여기서는 부모도 의견을 많이 내놓고 아이도 의견을 많이 내놓는다. 사실 이 전략 세우기 단계에서는 부모와 자녀 간에 갈등이 고조되기도 한다. 그것은 자꾸 옳고 그름을 판단하려고 하기 때문이다. 아이가 설령 부모의 기준에 맞지 않는 엉뚱한 답을 내놓거나 기대했던 답을 이야기하지 못한다 하더라도 많은 대안을 찾는 것이 우선이라는 것을 잊으면 안 된다. 되도록 많은 대안을 찾아보면서 가능성을 탐색하는 것이 중요하다.

이 단계에서 할 수 있는 질문들은 다음과 같다.

- 목표를 달성하기 위해 무엇을 해야 하는가?
- 목표를 이루기 위한 3단계는 무엇인가?
- 무엇을 버리면 목표를 이루겠는가?

전략 세우기에서 특별히 기억해야 할 것은 바로 생각 방해꾼이 출현한다는 사실이다. '생각 방해꾼'이란 생각을 바꾸려고 하지 않고 움직

이려 하지 않는 관성적인 생각이다. 대안을 세우고 실천 전략을 구성할 때 무의식 가운데 이 생각 방해꾼이 존재할 수 있다. 어떤 회의에서 아이디어를 도출할 때 자신도 모르게 나오는 반응들이다. '에이 그건 안되지, 혹은 네가 과연 할 수 있겠어?' 등 계속 안 되는 것만 생각하게 만드는 방해꾼이다. 이를 해결하려면 '만약 ~~했다면 어떻게 하겠니?' 식의 질문을 해야 한다. 다음 예를 보면 도움이 될 것이다.

- 만약 네가 국영수사과 점수가 만점이라면 넌 어떤 직업을 선택하겠니?
- 만약 네게 장애물이 없다면 너는 무엇을 선택하겠니?
- 만약 네가 엄마라면 너는 어떤 질문을 하겠니?

생각의 방해꾼은 이러한 코칭 대화 프로세스를 통해 정리될 수 있다. 코칭 대화 프로세스를 통해 창의적인 방법은 얼마든지 나올 수 있으며 넘을 수 없을 것 같던 장애물도 극복할 수 있다.

이 단계에서 할 수 있는 질문들을 가지고 코칭했던 대화문을 계속 소개한다.

엄 코치 네 진로를 결정하지 못하게 만드는 것은 무엇이니?

영제 음… 사람들에게 인정받지 못하게 될 것이라는 생각이요.

엄 코치 '인정받지 못하게 될 것', 그렇구나. 또 다른 건 뭐가 있니?

영제 어렵게 대학에 가기보다는 경쟁률 낮은 대학에 가고 싶다는 생각이요.

엄 코치 인정받지 못할 것 같은 생각과 경쟁률이 낮았으면 하는 생각이 장애요소 맞니?

영제 네.

엄 코치 그렇구나. 그렇다면 인정도 받고 경쟁률도 낮게 만들기 위해 지금부터 우리가 반드시 알아야 할 것은 무엇일까?

영제 음… 우선 정말 특성화 고등학교를 통해 대학에 갈 수 있는 확률이 얼마나 되는지 알아보고, 인문계 고등학교에서 서울에 있는 대학에 갈 수 있는 확률과 실제 제가 내년에 갈지도 모르는 강서고등학교에 가서 반에서 몇 등 정도 하면 대학에 갈 수 있는지 좀 더 구체적으로 알아봐야겠어요. 인문계 고등학교 가봤자 성적이 바닥이면 진짜 인정 못 받는 거잖아요.

엄 코치 음, 그렇지, 그럴 수 있어. 그 밖에 우리가 더 알아야 할 것들이 또 있을까? 생각나는 대로 쭉 이야기해보자.

영제 특성화 고등학교를 통해 대학에 갈 수 있는 확률이 얼마나 되는지 알아보는 것, 인문계 고등학교에서 서울에 있는 대학에 갈 수 있는 확률, 강서고등학교에서 서울에 있는 대학에 갈 수 있는 확률, 강서고등학교에 가서 반에서 몇 등 정도 하면 서울에 있는 4년제 대학에 갈 수 있는지 알아보는 것, 특성화 고등학교에 진학했을 때 공부할 수 있는 환경, 인문계 고등학교에 진학했을 경우의 학습 전략이요.

엄 코치 총 5가지 중 우선순위를 다시 매겨보면 제일 먼저 할 수 있는 것 3가지는 무엇이니?

영제 우선 특성화 고등학교를 통해 대학에 갈 수 있는 확률이 얼마나 되는지 알아보는 것이요. 그 다음은 특성화 고등학교에 진학했을 때 공부할 수 있는 환경을 알아보는 것이요. 그리고 특성화 고등학교 출신 중 대학에 정말 잘 간 사람이 있다면 만나서 인터뷰해보는 것이요.

엄 코치 첫째는 특성화 고등학교를 통해 대학에 갈 수 있는 확률이 얼마나 되는지 알아보는 것이고, 둘째는 특성화 고등학교에 진학했을 때 공부할 수 있는 환경, 셋째는 특성화 고등학교 출신 중 대학에 간 사람이 있다면 만나서 인터뷰해보는 거 맞니?

영제 네.

엄 코치 그러면 전략 3가지를 실천하는 데 예상되는 장애요소로는 무엇이 있을까?

영제 무엇보다 만나줄지 걱정이 제일 커요.

엄 코치 무엇에 대한 걱정이지?

영제 특성화 고등학교 출신 중 대학 간 사람 찾는 것부터 인터뷰를 해보는 거요. 그리고 특성화 고등학교를 통해 대학에 갈 수 있는 확률은 어떻게 알아봐야 하는지도 잘 모르겠고요.

이 대화를 보면 알 수 있듯이 필자는 아이에게 질문만 했고 아이는 대답을 하면서 자신의 생각을 정리해나갔다. 자신의 생각을 이야기하면서 영제는 자신감이 붙는 듯했고, 무엇보다 필자와의 관계를 매우 좋아한다는 것을 느낄 수 있었다.

5단계 책임지기(Responsibility)

이 단계에서 이루어져야 할 것은 다음과 같다.

❶ 철저하게 조사된 현실 자료를 근거로 폭넓게 제시된 각종 전략 중 하나를 우선 선택함으로써 요건을 충족시키는 실행 계획을 세운다.

앞서 이야기했듯이 아이는 질문을 받으면 대답을 하고, 대답을 통해 자각한다. 자각이란 내 삶의 주변에 생각의 변화가 일어나고 있다고 믿는 것인데, 깊은 자각은 결국 책임감을 갖게 만드는 힘이 있다. 따라서 아이 입으로 말한 여러 가지 전략 가운데 당장 실천할 수 있는 실행 계획을 세우고, 실천할 수 있도록 돕는 것이 핵심이다. 이 단계에서 할 수 있는 질문과 속뜻은 다음과 같다.

● 오늘 무엇을 배웠는가?
: 이 질문은 어머니나 아버지에게 무엇을 배웠냐고 묻는 것이 아니라 대화를 통해 배운 것이 무엇인지 묻는 것이다. 질문을 통해 아이 스스로 자신의 입으로 코칭 대화 중 배웠던 것이 무엇인지 이야기하도록 하는 것이 목적이다.
● 다음 몇 주 동안 무엇을 할 계획인가?
: 아이 스스로 코칭 대화 가운데 배우고 깨달은 것을 행동으로 옮기게 하기 위한 질문이다.
● 무엇을 언제까지 하겠는가?
: 제일 중요한 것은 실행에는 마감 시간이 있어야 목적을 이룰 수 있다는 것이다. 아이 자신의 입으로 말한 마감 기한을 지킬 수 있도록 돕는 것이 중요하다.

이를 활용한 대화문의 마지막을 소개한다.

> **엄 코치** 영제야. 선생님이 갑자기 떠오르는 어떤 생각이 있는데, 이야기해도 되겠니?
>
> **영제** 네, 말씀하세요.
>
> **엄 코치** 세상에는 2가지 종류의 사람이 있어. 길을 걷다가 돌부리에 걸려 넘어졌을 때 "에이, 이게 뭐야." 하고 투덜대면서 재수 없다고 하고 그냥 지나가는 사람이 있고, 똑같이 같은 돌부리에 걸려 넘어졌는데 그 돌부리를 반석으로 삼아 그 위에 인생의 집을 짓는 사람이 있지. 사람은 늘 어떤 결정을 할 때 걱정을 해. 그런데 그 걱정은 사실 상상력의 남용일 수도 있어. 분명한 건 네 결정이 무엇이든 넌 충분히 할 수 있고, 설령 실패하더라도 그건 실패가 아니라 변장된 축복이고 배움의 과정이라는 것을 기억했으면 좋겠다.

위의 대화문은 강력한 메시지를 전달하는 기법이다. 많은 부모들은 아이를 잘 가르쳐야 한다고 생각하기 때문에 해주고 싶은 이야기를 마구 쏟아낸다. 아이는 들을 준비가 돼 있지 않았는데도 말이다. 이미 눈치 챈 사람도 있겠지만 앞에서 아이에게 해주고 싶은 이야기가 있을 때 필자는 아이에게 질문을 했다.

"영제야. 선생님이 갑자기 떠오르는 어떤 생각이 있는데 이야기해도 되겠니?" 이 질문을 하면 아이는 그 순간 무의식적으로 받아들일 준비를 한다. 질문을 함으로써 아이에게 받아들일 시간을 주는 것이다. 필자는 그러고 나서 아이에게 하고 싶은 말을 했는데, 아이가 기억했으면 하는 바람을 비유를 들어 이야기해주었다.

메시지의 핵심은 강요 섞인 부탁이 아니라 '네가 무엇을 선택하든지 넌 소중하고, 난 네 편이다'라는 점을 이야기해주는 것이다. 이렇게 메시지를 전달하는 특별한 방법이 있는 것은 아니다. 무엇보다 강력한 메시지를 통해 아이가 스스로 자각하길 바란다면, 메시지 내용이 나 중심적인 것이 아닌지부터 살펴보아야 한다. 상대방 중심적인 메시지는 '내가 아이의 잘못된 생각을 바꿔줘야지'라고 생각하지 않으며 '아이를 내가 이끌어줘야지'라고도 생각하지 않는다. 그리고 '내가 아이에게 방금 이 질문을 했는데, 다음에는 뭘 질문하지?' 같은 생각도 하지 않는다.

부모가 대화 중에 생각을 열심히 하면 주의 집중이 자연스럽게 아이에게서 멀어지게 된다. 그래서 강력한 메시지를 구사하려면 아이에 대한 관찰과 존중 그리고 대답할 때까지 기다리는 마음이 제일 중요하다. 많은 부모들이 어떻게 하면 좋은 코칭 질문을 할 수 있을까 물어보는데, 좋은 질문은 평상시에 잘 외우고 쓰면서 얻어지는 것이 아니라 아이의 이야기를 잘 들으면 들을수록 생기게 마련이라는 점을 기억하길 바란다. 아무리 좋은 메시지라도 관계가 올바르게 형성되어 있지 않으면 잔소리가 될 수 있음을 기억해야 한다. 계속해서 대화문을 소개한다.

> **엄 코치** 지금까지 나왔던 이야기 중에서 네가 깨달은 것은 무엇이니?
>
> **영제** (이야기 내용 정리를 영제가 스스로 함)
>
> **엄 코치** 그렇다면 이번 일주일 동안 네가 제일 먼저 할 것 3가지는 무엇이니?
>
> **영제** 우선 특성화 고등학교 출신 중 대학에 간 사람부터 찾아볼 거예요. 이번 일주일 동안 이거 하나만 해보고 싶어요.
>
> **엄 코치** 그래 좋다. 그럼 언제까지 알아볼 거니?
>
> **영제** 이번 주 목요일까지 찾아보고 연락 드릴게요.
>
> **엄 코치** 그래 한번 찾아보자. 그리고 도움이 필요하면 언제든지 연락하고.
>
> **영제** 네.

위 대화문에서 제일 중요한 질문은 바로 "네가 깨달은 것은 무엇이니?"이다. 모든 대화 속에는 감정과 내용의 교류를 통해 생각의 변화를 일으키게 만드는 동기가 있다. 중요한 것은 그 동기를 어떻게 현실 속에서 잘 살려낼 수 있도록 돕느냐이다. 그런데 그동안 부모와 자녀 간의 대화 패턴은 오히려 갈팡질팡하는 대화의 연속이었을 것이다. 지금까지 대화문을 보면서 '아니 대화를 어떻게 이렇게 해? 내가 무슨 전문가도 아니고'라는 생각을 가진 분이 있다면 필자에게 전화를 주길 바란다. 분명한 건 노력 없이 얻어지는 것은 없고 고통 가운데 피는 꽃이 더욱 아름답게 느껴진다는 것이다.

부모가 자녀에게 줄 수 있는 최고의 선물은 돈, 명예, 권력이 아니라 그들이 여태껏 살아오면서 자녀들을 위해 희생하고 노력하고 고통을 이겨내면서 성실하게 살아온 현재(present)라는 사실을 잊으면 안 된다. 그래서 현재(present)를 선물(present)이라고도 하지 않던가! 그러니 설명서를 읽고 또 읽어 나만의 대화 방법이 잘 작동할 수 있도록 훈련해야 한다.

Chapter 04

질문으로 아이를
유쾌하게 자극하라

인천남고 학부모 혜민아, 이번 달 중간고사는 몇 점 받을 것 같니?
가양초 학부모 영석아, 왜 동생을 때렸니?

보통 학부모 진로코칭 아카데미를 진행하다 보면 많은 부모들이 "아이에게 질문을 어떻게 해야 하는지 잘 모르겠어요."라고 말한다. 위의 질문들을 잘 읽고 감정을 느껴보자. 이 질문들은 질문이기는 하지만 정보를 알기 위한 수준에 지나지 않는다.

무엇보다 이 질문들이 누구에게 도움이 되는지 생각해볼 필요가 있다. 잘 보면 바로 부모 중심의 사고에서 비롯된 질문이라는 것을 알 수 있을 것이다. 질문은 크게 '나 중심'에서 비롯된 질문과 '상대방 중심'에서 비롯된 질문이 있다.

정보를 파악하기 위한 질문은 대부분 나 중심의 질문에 속한다. 반면 상대방 중심의 질문에는 상대방이 스스로 생각할 수 있는 질문이 많다. 진로코칭에서 중요한 기술 중 하나는 질문을 통해 아이의 호기심을 높여주는 것이다. 호기심은 자발적인 의지에서 비롯되고, 이 의지는 궁극적으로 자기주도적 진로 설계를 하는 원동력이 되기 때문이다. 진로를 찾기 위해서는 원초적인 질문들을 피해갈 수가 없다.

나 중심이 아닌 상대방 중심으로 질문하기

'내가 누구인지', '나는 무엇을 좋아하는지', 또 '나는 무엇을 잘할 수 있는지', '나는 무엇이 옳다고 믿고 있는지' 등과 같이 자신을 이해하기 위한 질문은 당장 답이 나오는 것이 아니기 때문에 자신에 대한 호기심 그리고 인내심, 성실성이 없으면 의지가 금방 사그라들기 쉽다. 따라서 호기심이 왕성한 초등학교 시절부터 부모는 질문을 통해 외부로 향해 있는 아이의 호기심을 스스로의 마음을 이해하는 데로 향하도록 도와줘야 한다.

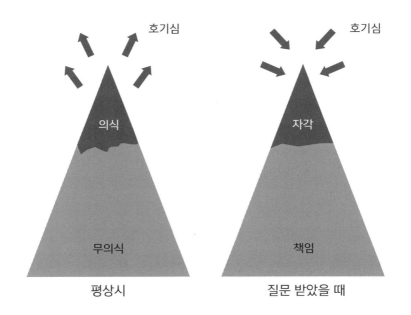

평상시 아이들의 호기심은 외부로 뻗어 있다. 그래서 아이의 주의를 끌어당기는 것이 있다면 아이가 그만큼 그 대상에 호기심이 있다는 것이다. 그렇게 호기심이 많은 아이는 산만하게 보일 수 있다. 그런데 이때 부모가 아이 중심의 질문을 하면 아이는 질문을 통해 자극을 받는다. 그 질문의 수준에 따라 아이는 자각하는 정도가 달라지며 책임의 정도 역시 달라진다. 맨 처음 한 질문을 다시 보자.

"혜민아, 이번 달 중간고사는 몇 점 받을 것 같니?"

위와 같은 질문을 상대방 중심에서 다시 해보면 다음과 같이 질문할 수 있다.

"혜민아, 이번 달 중간고사는 스스로 몇 점을 주고 싶니?"

어떤 느낌이 드는가? 이번 질문에는 공부란 자신과의 경쟁이라는 생각이 깔려 있다. 지금 자신의 결과에 스스로 만족도를 매기면서 자각하도록 하는 질문인 것이다.

"영석아, 왜 동생을 때렸니?"

위의 질문은 어떤 느낌이 드는가? 아이 입장에서 묻는 질문이 아니라 부모 입장에서 뭔가 좀 더 알기 위한 질문에 머물러 있다는 것을 느낄 수 있다.

보통 우리는 대화를 할 때 '왜'라는 질문은 삼가야 한다고 배웠다. 그 이유는 '왜'라는 질문을 하면 사람들은 무의식적으로 변명이나 핑계를 대게 되기 때문이다. '왜'라는 질문보다는 '무엇이', '언제', '어디서' 같은 질문이 아이로 하여금 자각을 일으키게 만든다는 것을 기억해야 한다.

"영석아, 무엇이 동생을 때리게 만들었니?"

앞의 질문과 이 질문에는 무슨 차이가 있는가? 이 질문은 코칭 질문이라고 하는데, 영석이가 마음에 집중할 수 있도록 하는 질문이다. 영석이 내면의 어떤 감정이 동생을 때리게 만들었냐는 것이다. 사람은 어떤 자극을 받을 때 반응을 하게 마련이다. 각박한 상황이 닥쳤을 때 느끼는 감정, 생각, 욕구가 바로 그 사람이다.

부모가 영석이에게 코칭 질문을 하면 아이는 자신의 마음을 돌이켜보게 되고 생각하게 된다. 동생을 때렸다고 해서 혼내는 게 우선이 아니라 자신의 마음을 돌이켜보게 하는 것이 우선이다. 결국 자신의 마음을 돌아보는 훈련이 된 아이는 인생의 굴곡을 지날 때마다 슬기롭게 헤쳐나가는 마음의 내비게이션을 가지게 된다.

Chapter 05

가족의 꿈을 함께 나누라

학교 다녀온 뒤 방으로 들어가는 아이의 무거운 어깨를 본 적이 있을 것이다. 필자 역시 그런 아이의 어깨를 보고 있으면 화도 나고 한편으로는 측은지심이 들기도 한다. 초등학교 시절에는 엄마, 아빠에게 다가와 호기심 어린 눈으로 이것저것 물어보던 아들이 사춘기가 된 다음에는 힘없는 바지저고리 모양 말없이 자기 방에 앉아 있는 것을 보면서 속이 터지지 않을 부모는 없을 것이다.

그런데 이럴 때 '어느 집이나 다 그렇겠지.'라고 자위할 것이 아니라 그동안 나의 어떤 반응이 아이의 말수를 줄였을까를 고민해보아야 한다. 여러 가지 원인이 있겠으나 근본적인 원인은 바로 가족 안에서 수용과 인정을 바탕으로 꿈이 대화의 주제가 되지 못했기 때문이다. 이럴 때는 보통 자녀와 자주 나누는 대화가 무엇인지 제삼자 입장에서 생각해보아야 한다.

부모와 아이 사이에 공통된 주제가 없다

몇 해 전 S기업에서 아버지와 아들을 위한 추억 만들기 프로그램의 일환으로 지리산 둘레길 도보여행을 주최한 적이 있다. 1박 2일 동안

의 지리산 둘레길 여행을 다녀온 뒤 필자가 한 부자에게 소감을 물었다. 아버지는 "이렇게 좋은 프로그램이 회사 내에 있는 줄 알았다면 좀 더 일찍 신청해서 작년에 다녀올 걸 그랬어요. 강력히 추천합니다. 아주 좋아요."라고 했다. 반면 아이에게 소감을 물으니 "저는 다시는 아빠랑 여행 가지 않을래요."라고 대답했다. 왜 그러는지 물었더니 "1박 2일 내내 설교만 듣고 왔어요."라고 했다.

참 안타깝기도 하고 웃지 않을 수 없는 상황이었다. 두 사람의 반응은 왜 이렇게 달랐을까? 그것은 부자에게 공통된 대화 주제가 없었기 때문이다. 아버지에게는 분명 아이와 좀 더 친해지고 싶은 마음이 충분히 있었을 것이다. 그러다 보니 평소에 아이에게 해주고 싶은 말을 서슴없이 쏟아냈을 것이다. 아이의 감정이나 상황은 고려하지 않은 채 말이다.

가족의 꿈을 이야기하자

사춘기 전후의 아이들은 왠지 말도 없을 것 같고 대화 시간도 많지 않기 때문에 대화하기가 매우 힘들 것이라고 생각하기 쉽다. 그런데 아이와의 대화가 그리 어렵지만은 않다.

아이와 양질의 대화를 하기 위해서는 무엇보다 가족의 꿈을 주제로 이야기해볼 것을 권한다. 가족의 꿈에 대해 이야기하는 것은 아이의 진로 발견에도 도움이 된다. 게다가 가족은 공동체다. 공동체의 구성원이 공동체를 경험하기 위해서는 공동체로 모인 목적과 이유가 동일해야 한다. 모인 목적과 이유가 같지 않으면 모인 의미를 찾기 어렵다. 아이에게 가족이라는 울타리에 대한 사랑을 보다 깊게 느끼게 하고 참여를 높이기 위해서는 우리 가족이 함께 모인 이유가 무엇인지 생각해볼 수 있는 대화의 장이 마련되어야 한다.

앞에서 이야기한 부자의 경우 아버지가 이야기를 많이 하기보다는 아이가 많은 이야기를 할 수 있도록 아버지가 아이의 이야기를 듣겠다는 생각을 먼저 했어야 했다. 그리고 평소에 우리 가족이 어떻게 살았으면 좋겠는지, 혹은 올해가 가기 전에 우리 가족만이 함께 나눌 수 있는 추억거리에는 무엇이 있는지 툭 터놓고 이야기할 수 있는 시간들을 가졌어야 했다.

아이는 자신이 경험한 사례를 가지고 두서없이 이야기하는 경우가 다반사일 것이다. 그렇다 할지라도 부모는 끊임없이 인내심과 성실성을 발휘해 아이의 이야기를 들어주어야 한다. 왜냐하면 아이는 이런 부모의 인내심과 성실성을 보고 자라기 때문이다. 그래서 경청은 말로 가르치는 것이 아니라 몸으로 보여줘야 한다는 말이 나온 것이다. 그만큼 부모 되기는 쉽지 않다. 자녀의 이야기를 듣겠다는 마음 자세를 바로 잡은 다음 아이와 함께 가족의 꿈에 대해 이야기해보는 시간을 갖도록 하자.

여기서 가족의 꿈이란 추상적인 개념이 아니라 가족 구성원 누구나 만족할 만한 목표를 세우는 것을 말한다. 만약 '우리 가족은 서로를 사랑하고 약속을 잘 지키는 가족'이라고 정의한다면, 이것은 이 가족의 정체성이자 꿈이 된다. 이 꿈을 이루기 위해 올해가 가기 전에 해야만 하는 것 몇 가지를 정리해보자. 예를 들어 두 달에 한 번씩 가족이 모여 요리를 하고, 매일 밤 한자리에 모여서 하루 15분 정도 서로의 하루를 함께 돌아보는 티타임을 갖는다고 정할 수도 있다. 아이디어를 모아 정리하고 합의한다면 이것이 가족의 목표가 될 수 있다. 앞에서 소개한 부자가 만약 이처럼 가족의 꿈을 정의하고 올해 목표를 계획한 뒤 함께 여행을 갔더라면 어땠을까? 아마도 매우 아름다운 둘레길 여행이 되었을 것이다.

무조건적인 사랑을 표현해주자

자녀를 키우다 보면 아이들은 엄마의 훈육을 잔소리로 여기는 경우가 많다. 보통 어떤 대화에서 아이가 '내가 알아서 할게'라고 반응한다면, 이미 잔소리를 한 것이라고 볼 수 있다.

그렇다면 아이들은 왜 훈육을 잔소리라고 생각할까? 부모가 훈육을 했다고 아이가 느끼려면 무엇보다 아이가 꾸지람이나 훈계를 받을 때 '아! 엄마가 나를 사랑하시는구나. 내가 변하기를 원하시는 구나' 등과 같은 반응을 보여야 한다. 그런데 왜 그게 안 될까? 바로 아이 내면에 '나의 부모는 내가 어떤 실수를 하더라도 무조건적으로 나를 사랑한다'는 확신이 없기 때문이다. "네가 잘해야 사랑을 받지", 혹은 "너 언제까지 그렇게 게임만 할래? 게임도 머리에 든 게 있어야 하는 거지" 등의 말 속에 포함된 부모의 조건부 사랑이 아이에게 전달되었기 때문이다.

조건부 사랑으로는 올바른 관계를 형성할 수 없다. 생각해보라. 자신과 깊은 관계가 아닌 사람이 어떤 조언이나 충고를 할 때 기분이 어떤지를. 아이도 마찬가지다. 그래서 부모는 평소에 아이에게 사랑한다는 표현을 자주 해주고 '넌 정말 소중하고 특별한 존재'라는 것을 이야기해주어야 한다.

정체성 형성의 4단계

제임스 마르샤(James E. Marcia)라는 학자는 청소년의 정체성을 4단계로 나누어 설명하였다. 이것을 진로교육에 적용해보면 자녀를 이해하는 데 아주 좋은 정보가 될 것이다.

❶ 정체성 혼미에 빠져 있는 청소년

이들은 자신의 정체성에 대해 스스로 탐색하거나 고민하지 않고 반항과 혼란을 보인다. 혼미 단계에 빠진 자녀에게는 교육과 상담, 사랑과 격려를 통해 자신의 미래에 대해 적극적으로 탐색하고 도전할 수 있도록 도와주는 교육이 필요하다.

❷ 정체성 유예에 있는 청소년

이들은 겉으로는 혼미 상태처럼 보일 수도 있으나 그 와중에도 이들은 정체성과 장래에 대해 적극적으로 탐색하고 있다. 즉, 진로 결정을 앞둔 탐색이며, 정체성 확립을 위한 준비 기간에 있다고 보면 된다. 이들에게는 지지와 격려 그리고 유용한 직업 정보 및 직업 트렌드 교육이 필요하다.

❸ 정체성이 유실된 청소년

자기 자신에 대한 고민과 혼란의 단계를 겪지 않은 채 정체성이 완성된 청소년이다. 진로와 직업을 이미 결정한 상태이고, 자기 생각과 가치관이 확고해 보이기도 한다. 보통 부모의 기대를 일찍 알고 분별 없이 수용한 경우가 많다. 이러한 청소년에게는 한번쯤 자신의 결정과 진로에 대해 고민해보도록 하고, 지지와 격려를 보내는 가운데 자기 탐색을 위한 적성검사 등을 권유하고 선택권을 주는 것이 좋다.

❹ 정체성이 성취된 청소년

많은 고민과 탐색을 거친 다음 자신의 진로와 미래에 대해 결정을 내린 청소년이다. 물론 정체성 형성에 필요한 모든 요소를 다 성취한 사람은 많지 않다. 게다가 정체성을 성취했다 하더라도 또다시 흔들릴 수 있다. 중요한 것은 이 모든 과정이 자연스러운 것이고 건강한 과정이라는 점을 기억해야 한다. 왜냐하면 사람은 끝없이 새로운 자극을 받고 도전하는 존재이기 때문이다. 무엇보다도 정체성 성취 단계에 있는 자녀 역시 실패에 대한 불안과 의심과 미래에 대한 두려움을 가지고 있다는 것을 잊지 말아야 한다. 따라서 그들이 내린 결정에 대해서는 그것이 마음에 들지 않더라도 인내심을 가지고 자녀의 이야기를 경청하고 기다리는 태도를 보여주어야 한다. 자녀는 부모가 자신의 이야기를 듣고 있다고 생각하면 자신이 부모에게 인정받고 지지받고 있다고 느끼게 될 것이다.

조건부 사랑으로는 올바른 관계를 형성할 수 없다.
부모는 평소에 아이에게 사랑한다는 표현을 자주 해주고
'넌 정말 소중하고 특별한 존재'라는 것을
이야기해주어야 한다.

PART 04

2030년,
일자리를
고민하고
진로진학을
설계하라

Chapter 01

4차 산업혁명의
아이콘을 이해하라

"코치님, 매스컴에서 4차 산업혁명에 대해 많이 이야기하는데, 구체적으로 4차 산업혁명이 뭔지 잘 모르겠고요, 또 관련해서 직업의 미래가 어떤 형태로 바뀔지도 궁금합니다."

―경기도교육청 주최 학부모 진로진학 연수 중 참가자 질문

위 질문은 학부모들이 제일 많이 하는 질문 중의 하나다. 이에 대해 제대로 답변하려면 몇 가지 개념과 원리를 이해해야 하는데, 이 장을 빌려 짧게 이야기해보겠다.

먼저 4차 산업혁명이 무엇인지 알아야 한다. 4차 산업혁명은 인공지능, 사물인터넷, 빅데이터 등 첨단 정보통신기술이 경제, 사회, 문화 전반에 융합되어 혁신적인 삶의 변화가 나타나는 차세대 산업혁명을 말한다. 이 '4차 산업혁명'이라는 용어는 세계경제포럼(World Economic Forum)에서 처음 언급되었으며, 인터넷으로 대표되는 3차 산업혁명(정보혁명)에서 한 단계 더 진화한 혁명을 말할 때 사용한다.

1차 산업혁명부터 4차 산업혁명까지는 매번 혁명의 아이콘이 있었

다. 1차 산업혁명은 1780년 이후 증기기관 기반의 기계화 혁명, 2차 산업혁명은 1900년 이후 전기에너지의 대량생산 혁명, 3차 산업혁명은 1970년 이후 인터넷 기반의 지식정보 혁명이었고, 4차 산업혁명은 2015년 이후 인공지능 기반의 만물인공지능 혁명이다. 여기서 우리가 주목해야 할 것은 1차 산업혁명에서부터 3차 산업혁명까지 이르는 데 걸린 주기가 점차 짧아지고 있다는 점이다. 문제는 한국의 경우 IT 기술은 눈부실 정도로 발전해왔지만, 향후 먹거리를 위한 성장동력은 약하다는 데 있다. 이는 한국의 법 규제가 기술발전을 따라가지 못해 성장의 발목을 잡는 부분도 있고, 원천기술 보호를 위한 특허 건수, 질과도 무관하지 않다.

외국의 투자가들이 바라보는 한국의 지금 상황은 '메인 도로에서 달리는 자전거'라고 비유할 정도다. 모든 상품은 저마다 상품주기를 가지고 있다. 삼성만 하더라도 2017년 12월 기준 휴대폰 점유율은 20.5%로 1위를 수성하고 있었지만, 이후 중국 화웨이 같은 저가 폰의 공략으로 더 이상 1위를 수성하지 못할 것이라는 전망도 있다. 해서 삼성은 향후 먹거리 문제를 다각적으로 고민하고 있고, 그중 하나를 바이오산업에서 찾았다. 그렇게 해서 생겨난 회사가 삼성바이오로직스다. 차후 이야기하겠지만, 향후 4차 산업혁명을 견인할 7가지 산업은 모두 IT와 융합하여 인간의 삶의 질을 높이고 생활의 편리함을 제공하는데, 그 핵심이 빅데이터와 인공지능이라는 것을 기억하면 4차 산업혁명을 이해하는 데 도움이 될 것이다.

Chapter 02

직무 구조의 변화가 시작되고 있다

❶ 초등학교에 들어가는 아이들의 65%가 현재는 존재하지 않는 새로운 형태의 직업을 가지게 된다.

❷ 현재 세계노동시장에서 700만 개의 직업은 사라지고, 대신 200만 개의 새로운 직업이 생겨날 것이다.

❸ 주로 사라지는 직업의 70%는 반복적인 업무를 하는 사무관리 분야가 차지할 것이다.

❹ 새로운 직업은 주로 컴퓨터, 수학, 건축, 엔지니어링 분야에서 생겨날 것이다.

위의 글은 4차 산업혁명 시대의 특징을 표현하는 광고 문구 같지만 사실 광고 문구가 아니다. 2016년 스위스 다보스에서 열린 세계경제포럼 보고서의 요약본 중 몇 구절이다. 포럼의 주제는 '제4차 산업혁명의 이해'였는데, 주최측은 참가자의 이해를 돕기 위해 사전에 '직업의 미래'라는 요약 보고서를 공개했다. 이 중 가장 큰 이슈는 바로 직무의 변화다.

직무의 변화는 궁극적으로 노동의 종말을 야기할 것이라고 본다. 1995년 제레미 리프킨(Jeremy Rifkin)은 그의 책『노동의 종말』에서 현대 기술의 진보는 앞으로 10년간 많은 실업자를 양산할 것이라고 예측하였고, 정확히 10년이 지난 지금 그 예측은 맞아 들어가고 있다. 기술의 진보와 함께 이제 일자리는 인간이 할 수 있는 일과 컴퓨터가 할 수 있는 일로 구분되기 시작하였다.

기계나 과학기술이 인간의 업무를 대체하기 시작하면서 인간 본래의 직무 구조에도 변화가 생기기 시작했다. 불과 15년 전까지만 하더라도 서울 지하철역 매표소에서는 역무원들이 표를 끊어주었으나 지금은 교통카드 충전기와 지하철 티켓 발매기가 그 역할을 대신하고 있다. 자동차 운전을 할 때도 마찬가지다. 20년 전에는 운전 중에 길을 잃어버리면 자동차 창문을 내리고 지나가는 행인에게 길을 물어볼 수밖에 없었다. 그러나 이제는 그렇지 않다. 모든 자동차에는 내비게이션이 장착되어 있고, 언제든지 운전자가 원하는 목적지까지 안내를 받을 수 있다. 어디 그뿐인가? 이제는 IT 공룡기업인 구글이나 네이버도 자율 주행 자동차 개발에 집중하고 있다. 이런 것을 보면 노동의 종말은 우리가 생각했던 것보다 훨씬 빨리 다가오고 있다는 것을 알 수 있다.

Chapter 03

2030년, 4차 산업혁명을 견인할
7가지 분야를 추론하라

생활의 편리를 가속화시킨 인공지능

　4차 산업혁명의 아이콘이라 할 수 있는 인공지능은 인간의 기술을 인공지능 엔진이 흉내내는 것을 말한다. 인간의 지능, 학습능력, 적응, 추론 등의 기능을 가진 일종의 솔루션 엔진이다. 몇 해 전 프로 바둑기사 이세돌과 구글 딥마인드가 개발한 인공지능 바둑 프로그램 알파고 사이에 벌어졌던 세기의 바둑 대결이 크게 화제가 되었는데, 결국 알파고의 승리로 대결이 끝나면서 많은 사람들이 충격을 받았었다. 중요한 것은 이 인공지능 기술이 현재는 휴대폰, 반도체, 통신에 바로 적용이 가능하고, 더 나아가 정치, 경제, 사회, 문화, 의료 등 모든 분야에 적용될 수 있다는 점이다. 하늘을 나는 드론, 스마트 공장, 그리고 우리가 최근 들어 관심을 가지고 있는 자율 주행 자동차 역시 인공지능 기술을 접목하여 자동차 스스로 외부 환경을 지능적으로 인식하고 사고의 위험을 줄일 수 있도록 하는 것이 기술 개발의 목표다.

　인공지능 시장을 선도하기 위해 이미 수많은 인력과 자금을 투입하고 있는 구글, 페이스북, 아마존, 마이크로소프트 등은 현재 '언어 인식'에 초점을 맞추고 있다. 애플의 시리, 구글의 어시스턴트, 아마존의 알

렉스, 마이크로소프트의 코타나, 한국 KT의 기가지니가 그 예다.

KT경제경영연구소에 따르면, 국내 인공지능 시장은 2016년 기준으로 5조 4,000억 원 규모지만, 향후 2020년이 되면 11조 1,000억 원에 이를 것으로 내다봤다. 이미 카이스트, 세종대, 강원대, 연세대 등의 해당 학부에서는 인공지능 학과를 개설했고, 대학원에서는 산학협력 프로젝트를 활발하게 진행하고 있다. 페이스북의 마크 주커버그는 '페이스북의 목표는 사람보다 시청각 인식을 더 잘하는 시스템을 구축하는 것'이라고 밝힌 바 있다. 향후 우리의 삶이 얼마나 더 편리해질지 기대해볼 만하다.

생각하는 컴퓨터, 머신러닝

머신러닝은 복잡한 알고리즘을 이용해 방대한 데이터를 분석하여 그 패턴을 인식하고 예측한다. 설령 분석 과정에서 실수를 한다 하더라도 스스로 오류를 수정하고 실수를 학습하여 점점 정확도를 높여간다. 이 머신러닝보다 한 단계 더 높은 것이 바로 딥러닝인데, 이는 데이터의 양이 많으면 많을수록 예측의 정확성이 높다. 시장조사 기업 마켓앤마켓의 자료에 따르면, 현재 한국의 머신러닝 시장은 2017년 기준 14억 달러였지만 2022년에는 88억 달러까지 커질 것이라고 한다. 이미 금융권에서는 신한카드, BC카드, KB국민카드 등이 선도하고 있고, 마이크로소프트, IBM, 아마존, 바이두, 인텔 등이 보안기술로써 머신러닝을 활용하고 있으며, 장기적으로 금융권과 의료 분야에서 크게 두각을 나타낼 것으로 내다보았다.

최근 현대카드는 글로벌 대안신용평가사인 렌도와 협력해 신용평가 시스템을 개발했는데, 고객의 신용등급, 소득 수준, 요금 납부 정보, 통화 정보 등을 분석해 서비스 제공 대상 범위를 확대했다. 하나은행의 경우에는 사용자의 음성 명령을 분석해 잔액, 거래내역, 환율 등을 조회할 수 있도록 했다. 즉 사람이 반복적으로 할 수 있는 일을 데이터를 기반으로 분석하고 결정해 고객 서비스를 강화해나가는 것이다.

머신러닝은 의료 분야에도 적용되고 있다. 실제로 유방암에 관한 다양한 기초 데이터를 수집해 조기에 유방암을 발견할 수 있도록 힘쓰고 있다. 이렇듯 데이터를 기반으로 스스로 분석하고 결과를 예측하도록 돕는 데 더 이상 사람이 아닌 머신러닝 기술이 투입되면서 2030년쯤에는 완벽한 상태의 초딥러닝 기술이 구현되지 않을까 싶다. 게다가 생명공학이나 유전학 분야의 데이터 수집 및 저장 처리 기술과 연동하여 머신러닝 기술이 응용된다면, 질병을 사전에 예방하고 유전자 치료를 통해 난치병을 고칠 수 있는 세상이 곧 다가올 것이라 예상된다.

나만의 개인 비서, 지능형 로봇

로봇은 인간이 하던 작업을 자동적으로 하고 조작하는 기계장치다. 로봇산업은 기본적으로 로봇 제작에 필요한 소재와 작동을 위한 소프트웨어 등을 만들고 판매하는 산업을 의미한다. 최근에는 지능형 로봇이 자율성을 갖고 스스로 외부 환경을 인식하고 판단하는 기술이 각광받고 있다. 이를 적용한 것이 무인 자율 주행 자동차, 지능형 로봇 등이다. 한국산업기술진흥원의 보고서에 따르면, 2015년 기준 세계 로봇시장의 규모는 전년도 대비 9.7% 성장했고, 관련 매출은 179억 4,900만 달러에 달한다고 한다. 현재 세계 로봇시장은 제조용 로봇산업이 주류를 이루고 있으나, 개인서비스용 로봇산업이 크게 성장하기 시작했다. 개인서비스용 로봇시장은 1인 가구와 맞벌이 가족의 증가, 고령화 현상, 최저임금의 상승 효과로 인해 청소와 가사노동 서비스, 육아 및 간호 서비스 등 사회적 요구를 해소하는 분야로 확대되고 있다.

한편, 2015년 국내 로봇시장의 규모는 4조 2,168억 원으로 전년 대비 11.9% 성장했고, 이는 전 세계에서 네 번째로 큰 시장이다. 문제는 로봇시장이 꾸준히 확대되고 있음에도 개인서비스 측면에서 활용 효과와 성장 속도가 저조한 편이라는 것이다. 향후 이 부분에 대한 민간투자가 활발히 일어나야 할 것이다. 다행히도 정부가 이 분야에 대한 투자를 아끼지 않고 있다.

〈표 : 국내외 로봇산업 동향〉

구분	해외 기업	국내 기업
개인서비스용 로봇	스마트 센서 기술 고급화를 통해 로봇산업 외에도 다양한 분야에 적용(글로벌 ICT 기업의 로봇플랫폼 OS 경쟁이 치열)	시장 초기 단계로 청소로봇, 교육용 로봇 등을 중심으로 시장 형성 중
전문서비스용 로봇	구글 등 전문서비스용 로봇에 대한 투자가 증대되고 있으며, 스타트업 기업 또한 전 세계적으로 증가 추세	하드웨어 위주의 개발로 소프트웨어 및 운영 플랫폼이 취약(기술집약적인 중소기업 위주로 시장 진입 초기 단계임)
제조용 로봇	제조업용 로봇이 초기 로봇산업의 발전을 견인했으나 최근 성장이 둔화	IT산업과 연계해 대행 물류로봇 개발, IT 부품 생산을 위한 고속정밀 조립로봇 개발 활발히 진행 중
스마트 공장	제조업과 정보통신융합을 통한 제조업 혁신 추진 중	업종별 대표 기업 중심으로 디지털 공장 확산(삼성, 현대)

출처 : 한국산업기술진흥원

2018년부터 2025년까지를 기준으로 로봇산업의 개발 목표를 살펴보면, 2020년까지는 제어, 인식의 상호작용 기술을 도입한 스마트 공장과 자율 주행 및 모바일 제어 조작 기술이 활발하게 개발될 것이며, 2020년부터 2025년까지는 데이터 수집을 기반으로 사용자의 환경을 정확히 인식하고, 정보를 클라우드 서버 등과 연동하거나 빅데이터 등을 통해 서비스하는 가사도우미로봇이 출현할 것이다.

아이언맨도 나노기술을 입었다

폭탄을 맞아도 끄떡없는 히어로, 아이언맨이 입은 슈트가 바로 나노기술을 입힌 탄소나노튜브(Carbon Nano Tube, CNT) 소재다. 실제로 호주 시드니대학교 연구진은 탄소나노튜브로 방탄복을 만들어 입으면 초속 2,000미터로 날아오는 총알에도 끄떡없다고 했다. 철보다 강도가 100배 뛰어나며 구리보다 1,000배나 높은 전기전도를 가진 탄소나노튜브는 대표적인 나노 핵심 소재로, 차세대 모든 제품에서 요구하는 경쟁력을 가졌으며, 향후 국가 산업기술 경쟁력을 강화시킬 것이다.

탄소나노튜브는 꿈의 신소재라고도 한다. 이전의 소재들에 비해 기계적 성질이나 전기전도, 열전도, 반응성 등이 아주 우수하기 때문에 다양한 분야에 응용될 수 있는 중요한 소재로 부상하고 있다. 예를 들면, 차세대 군사 분야 첨단 소재, 자동차용 고기능성 소재, 바이오센서, 차세대 반도체 소재 등에 적용할 수 있다. 탄소나노튜브가 반도체에 적용되면 전류의 방향을 원하는 대로 조절하기 쉬운 반도체를 만들 수 있고, 탄성이 좋고 가벼워 골프채나 스키 장비 같은 운동 장비 제작에도 유용하게 쓰일 것이다. 특히 플라스틱에 적용이 되면 전기를 가진 플라스틱을 만들 수 있기 때문에 아주 얇고 전력 소모도 적은 모니터를 생산해낼 수도 있을 것이다. 무엇보다 탄소나노튜브는 인공근육의 소재로 쓰일 수 있는데, 재활치료를 목적으로 하는 사람들에게는 매우 반가운 소식이 아닐 수 없다.

한국의 경우 주요 기업으로는 LG화학, 삼성전자, 제일모직, 효성 등이 있으며, 해외 기업으로는 나노실(벨기에), 바이엘(독일) 등이 있다. 이 중 제일모직은 2009년부터 국내 자동차부품업계 등에 탄소나노튜브 전도성 복합소재를 판매하여 나노복합소재의 상용화에 착수하였다고 한다. 나노실과 바이엘 같은 경우 국내 법인을 설립하여 공략하고 있으며, 나노복합소재용 탄소나노튜브로 빠른 속도로 매출이 증가하고 있는 추세다.

아쉽게도 한국의 경우, 탄소나노튜브 시장이 아직 소규모에 머물고 있다. 선진국처럼 융합기술을 확보해 산업화하기 위해서는 지속적이고 체계적인 지원이 절대적으로 필요한 상황이라고 한다. 또한 각 정부 부처 간 이해관계 및 영역에 의한 한계로 목표 지향적인 연구개발 지원체계가 부족한 상황이다. 과학기술 발전에 따른 법과 제도를 고도화하기 위해서는 각 부처에 전문성 있는 인재들이 배치되어야 할 것으로 본다.

개인 특허시장의 지평을 열어줄, 3D 프린팅

최근 중국은 3D 프린터로 주택 10만 채를 만들어 이집트에 수출했다. 3D 프린터로 주택 1채당 짓는데 걸린 시간은 고작 16시간이었다. 불과 10년 전만 해도 상상할 수 없었던 일이 현실에서 이루어지고 있는 것이다.

3D 프린터는 3차원의 입체 물품을 만들어내는 프린터다. 본래 기업에서 시제품을 만들기 위한 용도로 개발되었다고 한다. 1980년대 초, 미국의 3D시스템즈사가 입체 물건을 만드는 프린터를 개발한 것이 3D 프린터의 시초인데, 초기에는 플라스틱 재료에 한정되었던 것이 점진적으로 발전하여 나일론을 거쳐 금속 소재로 범위가 확대되었고, 지금은 기업용 시제품뿐만 아니라 다방면에서 실사용화 단계로 접어들었다고 한다.

전 세계 3D 프린팅산업은 2012년 약 1조 6,000억 원 정도였으며, 2020년에는 5조 8,000억 원 규모로 성장할 것으로 예상된다고 한다. 3D 프린팅산업의 60% 이상을 차지하고 있는 것은 소비재/전자제품, 의료/치과, 자동차/운송, 항공/우주 분야이다. 또 휴대폰, 자동차부품, 건축모형, 의료공학기구인 보청기, 인공치아 같은 부품에 활용할 가능성이 더 높을 것으로 보인다. 따라서 현재로선 의료와 우주, 운송 및 전자 소비재 산업이 더 크게 성장할 것이라고 판단된다. 그러나 소비재 시장이 개인 소비재 분야로 더욱 세분화되고 구체화된다면, 우리는 일상생활 속에서 사용하는 많은 부품들을 이제 구매하지 않고 직접 생산해서 쓸 수 있게 될 것이다. 즉 도면과 재료만 있으면 언제 어디서든 필요한 부품을 생산할 수 있게 될 것이고, 도면 특허 플랫폼 같은 시장이 나타나 도면을 특허화하고 거래하는 현상이 발생할 것이다.

그러나 아쉽게도 아직까지 한국에선 산업용 대형 3D 프린터 전문제작 업체는 찾아보기 힘들고, 설사 있더라도 매출이 매우 부진하다. 국내 시장의 3D 프린터 제품의 70% 이상이 해외 수입 제품이고, 제품의 사출 속도에 따른 비용이 아직까지는 높으며, 정밀함과 소비자 호응도

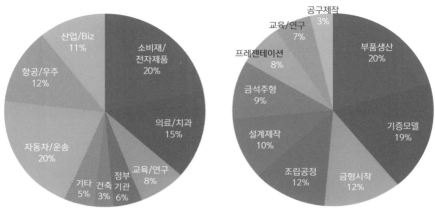

3D 프린팅 적용 분야   3D 프린팅의 용도

자료 : 이보경, 김형수 외, "ICT와 3D 프린팅에 의한 제3차 산업혁명", DIGIECO기술보고서, 2012. 10

〈표 : 3D 프린팅 적용 분야 및 용도별 점유율〉

도 낮다. 그러나 효율성과 비용 감소 측면에서 3D 프린팅 기술은 급진적으로 발전할 것이고, 이를 증명하듯 미국, 일본, 중국이 갈수록 투자를 늘리고 있으니, 국내 산업 역시 탄력을 받을 것으로 예측된다.

나도 정말 100세 시대, 유전학

매스컴과 전문가들은 이제 100세 시대'가 도래했다고들 말한다. 그 말을 들으면서 '사람마다 유전적으로 물려받은 질병이 다르고 치료법도 다양한데 누구나 100세를 누릴 수 있다니, 그게 과연 가능한 이야기일까?'라는 의구심이 들었었다. 그런데 우연히 매스컴에서 한국인 최초 개인 게놈분석에 성공한 박종화 교수의 강의를 듣게 되면서 이런 의

구심은 사라졌다.

그는 우리 몸의 모든 유전자 정보를 바탕으로 개인의 미래를 예측할 수 있다고 주장했다. 게놈은 DNA 속에 있는 모든 유전 정보를 말하는데, 개인의 유전자 정보를 효과적으로 분석하여 미래에 걸릴 질병이나 암을 미리 예방할 수 있다고 했다. 이런 주장이 타당성을 얻고 있는 이유는 수많은 유전자 정보를 과학적으로 분석하는 기술이 놀랍도록 발전했기 때문이라고 하는데, 2009년도에 이미 자신의 게놈지도를 완전히 분석했다고 한다. 그래서 조사를 해보니 현재 게놈 분석 기술은 궁극적으로 무병장수의 길로 가는 디딤돌 역할을 하고 있다.

실제로 게놈 분석을 통해 알 수 있는 사실들은 개인의 식성, 질병, 잠재 능력, 병명은 물론, 병이 걸릴 시기까지 예측 가능하다고 한다. 중요한 것은 부모로부터 물려받은 유전자 정보 속에서 미래에 걸릴 질병과 걸릴 시기를 미리 해독하게 되면, 정확하게 예방까지 할 수 있게 되고 질병에 대응할 수 있다는 것이다. 이는 매우 혁신적인 일로, 이제는 누구나 100세까지 살 수 있다는 이야기다. 예를 들어 해독을 통해 '나이 60세에 고지혈증에 걸릴 확률이 80%'라는 것을 미리 알 수 있다고 가정해보자. 그 정보를 알게 되는 사람은 바로 자신의 식습관을 바꿀 것이다.

무엇보다 유전자 정보 분석 기술의 발전 속도를 눈여겨볼 필요가 있다. 자료에 따르면, 1999년 당시 개인의 유전자 정보를 분석하는 데는 약 15년의 시간과 약 3조 원의 비용이 들었다. 그런데 2014년도경에는 분석 시간은 24시간, 비용은 100만 원 정도가 들었다. 그 발전 속도에 놀라지 않을 수 없다.

2014년도 한림원 공학자들이 파급력이 높은 미래과학기술 1위에 바이오기술(BT), 2위에 정보통신기술(IT)을 뽑았는데, 그 이유가 여기에 있다. 이 바이오기술의 핵심은 유전자 정보 분석, 데이터 중심의 의료 서비스, 헬스케어 기구를 바탕으로 발전하고 있다. 이 분야에 대해서는 우리가 조금 더 눈여겨볼 필요가 있다.

바이오산업의 핵심, 생명공학

생명공학(Biotechnology)은 보통 생물의 기능을 이용하는 기술이라고 정의한다. 또 다른 전문가는 '생물공학'이라고도 하는데, 생물의 DNA를 재조합한 기술을 응용한 과학적인 방법 때문에 이리 칭하기도 한다. 생명공학은 공학, 농학, 의학, 약학 등 다양한 분야와 밀접한 관계를 이루고 있고, 생물의 기능을 유용하게 또 다른 산업에 접목할 수 있기에 바이오산업의 핵심이라고 한다. 여기 해당하는 3가지 분야만 살펴보겠다.

첫째, 보건의료 분야

보건의료 분야의 경우 맞춤형 의료 기술이 큰 발전을 이끌었다. 유전자 이상으로 발생하는 암, 당뇨병, 심장질환 등을 치료하는 유전자 치료기술이 점진적으로 발전했고, 난치병 치료제로 활용될 수 있는 줄기세포 연구 등은 이미 차병원의 줄기세포연구센터를 통해서도 가능성이 열리고 있다. 이로써 미래에는 장기이식을 통해 손상된 간과 심장, 폐, 췌장, 각막, 연골 등의 교체가 가능할 것이다. 이것이 실현될 경우, 이제 치료의 목적은 예방 중심의 보건에 초점이 맞춰질 것이다.

둘째, 농업 및 식품 분야

농업 식품 분야에서 생명공학 기술은 유전자 재조합으로 유용성 있는 새로운 기능을 가진 기능성 식품을 만드는 데 응용되고 있다. 이미 소고기, 돼지고기, 토마토 등이 유전자 재조합으로 우리 식탁에 올라오고 있고, 품종은 더욱 다양화될 것이다. 유전자 재조합을 통해 이렇게 농식품의 기능을 개선하는 이유에 대해 과학자들은 재래적인 육종 방법으로는 앞으로 예상되는 인구 증가에 따른 식량 부족 문제를 해결할 수 없기 때문으로, 유전자 재조합 방법이야말로 우수한 품질의 많은 식량 자원을 효율적으로 만들어낼 수 있는 방법이라고 주장한다. 유전자 재조합을 통하여 만들어진 농작물이나 과일은 질병에 견디는 힘이 강하면서도 농약 등의 해를 받지 않고, 수확량도 많고, 저장 중에도 쉽게 썩지 않는다. 물론 재배 비용도 크게 줄일 수 있다.

물론 이에 대한 윤리적 문제를 제기하는 그룹도 많다.

셋째, 환경 및 에너지 분야

환경 및 에너지 분야에서 생명공학 기술은 미생물을 이용하여 오염된 토양이나 지하수 및 해양을 정화, 복원하는 데 응용한다. 미생물을 이용할 경우 기존에 매립하거나 소각해 폐기 처리하던 비용보다 훨씬 경제적이다. 또한 동식물로부터 얻을 수 있는 유기물질에 생명공학 기술을 적용하면 재생 가능한 천연 에너지로의 전환 문제, 환경문제, 에너지 부족 문제를 해결할 수 있다.

Chapter 04

인구절벽 시대,
남북통일에 주목하라

남북통일

    2018년 4월 27일 남북정상회담이 열리고, 같은 해 6월 12일 북미정상회담이 열리면서 모두들 '한반도의 봄'을 기대했을 것이다. 북한의 경제 상황이 매우 좋지 않고 체제가 불안정한 상황에서 북한의 김정은 국무위원장은 싱가포르나 중국의 경제모델을 본받아 김정은식 북한 경제모델을 만들려고 애쓰는 중이다. 김정은식 북한 경제모델이 성공하려면 미국과 상호호혜관계를 유지해야 되는 것은 물론이거니와 한반도의 지정학적 위치에서 중국과 러시아, 한국과의 외교관계의 고삐를 제대로 붙들고 있지 않으면 안 된다는 것을 그의 행적을 통해 유추해볼 수 있다.

    흡수통일이냐 점진적 경제통일이냐를 놓고 의견이 분분한 상황이다. 그러나 지금과 같은 상황에선 급진적 흡수통일보다 상호 경제를 기반으로 점진적 평화통일로 갈 것으로 많은 전문가들은 내다보고 있다. 우리가 경제통일을 내다볼 수 있는 이유 중 하나는 이미 북한에 750개의 장마당이 존재하고, 북한의 신세대들이 자유경제시장의 맛을 몸소 체험했기 때문이다. 다시 말해 북한의 경제 개방은 시대의 흐름이다. 이를 반증하듯 2018년 6월 28일 남북고위급 회담장에선 개성에서 평양, 고성에서 원산까지 잇는 도로와 철도의 현대화 추진 사업에 합의했다. 경제통일이 더 이상 먼 이야기가 아닌 듯하다. 길이 이어진다는 것은 경제 기반의 기초를 다지겠다는 뜻이다. 만약 일관성 있는 대북정책과 함께 북한의 현대화를 위한 지원, 민간교류 및 양측 상호 관광이 활성화된다면, 그것으로 이미 한국은 경제통일의 초석을 다지게 되는 것이다.

통일 후 발전할 산업 3가지를 꼽는다면 다음과 같다.

첫 번째는 관광산업이다. 특히 DMZ 산림보호구역은 브라질의 아마존, 인도네시아의 정글 다음으로 생태계 보존이 잘되어 있다고 한다. 남한 사람들은 금강산과 백두산, 개성, 묘향산을 북한을 통해 가고 싶어 할 것이고, 북한 사람들 역시 제주도, 경주, 전주, 남해 등에 오고 싶어 할 것이다. 북한은 이미 원산 지역 해변가에 리조트를 짓고 개장을 앞두고 있다. 그런가 하면 세계적인 투자가 짐 로저스는 북한을 투자국가 1순위로 거론하는 등 북한은 현재 최고의 관광 투자개발 대상국가라고 생각한다.

두 번째는 교육산업이다. 통일이 된다고 하더라도 우리는 정신적 통일을 놓치지 않을 수 없을 것이다. 특히 역사를 하나로 통일하고, 사회ㆍ문화ㆍ가치관을 하나로 통일하기 위해선 학교 교육의 일원화와 직무의 일원화가 선행되어야 하고, 그러기 위해서는 교원 인력과 평생교육 시설을 확충해야 할 것이다. 국토는 넓어지고, 인구는 8,000만 명 수준으로 늘어날 것이기 때문에 교육과 교육 시설에 대한 수요가 급증할 것이다.

세 번째는 건설산업이다. 현재 한국의 건설산업은 불경기다. 그러나 통일이 되면 이야기가 달라진다. 그때는 한반도 곳곳에 새로운 건축물이 들어설 것이고, 노후된 건물의 재건축 붐과 함께 모든 것이 현대화될 것이다. 그렇게 될 경우 한강의 기적처럼 대동강의 기적이 일어날 수도 있다. 통일은 대박이다.

인구절벽

2017년 10월 7일 『연합뉴스』 보도에 따르면, 인구 감소 시점이 예상했던 2030년 이후보다 4년 앞당겨진 2027년쯤 정점을 찍은 뒤 인구가 줄기 시작할 가능성이 크다고 한다. 고령화 속도는 빨라지고 있는 반면, 저출산으로 청년 인구는 줄어들고 있다. 실제로 통계청 자료를 보면 2015년 한국의 노동생산인구는 73%였으나, 2030년경에는 63.1%, 2060년경에는 49.7%로 낮아질 것으로 전망된다.

문제는 2060년경 고령인구의 비중과 저출산율 비중이 전 세계 동시 2위라는 것이다. 즉 앞으로 우리 자녀들이 맞이하게 될 사회는 고령화로 인해 소비구조가 달라지고, 상품과 서비스의 타깃이 청년에서 노인으로 이동한다는 것이다. 그래서 외국의 미래학자들은 한국이 앞으로 인구문제에서 해방되려면 복지정책을 급진적으로 바꿔 출산율을 높이든지, 아니면 과거 미국이 했던 것처럼 이민정책을 적극적으로 수립해 해외 이민자를 받아들이든지 둘 중 하나를 선택해야 한다고 조언하기도 했다.

노인 인구가 늘어나게 되면 자연스럽게 실버산업이 각광받을 것은 분명하다. 반면 학령 인구는 줄어들게 되면서 관련 교육산업은 하락세를 면치 못할 것으로 전망된다. 인구의 변화는 부동산 시장에도 영향을 미치고 있다. 서울을 제외한 수도권과 지방의 주택들은 수요와 공급의 불일치로 가격하락 현상이 나타나고 있다. 머지않아 서울 외곽지역에선 40세대 아파트 한 동에서 나 혼자 거주하는 상황이 벌어질 수도 있다. 그래서 남북통일이 필수다. 남북통일이 되면 새로운 소비 시장이 생기고, 한국에 투자금이 몰리며, 많은 외화 투자, 생산 가능한 인구가 확보될 것이다. 그렇게 되면 대한민국은 보다 경쟁력 있는 국가로 거듭나게 될 것이다.

Chapter 05

대한민국 고용 트렌드를 알고
미래를 설계하라

우리는 앞서 세계경제포럼에서 말한 7가지 산업의 내용과 트렌드에 대해 살펴보았다. 그렇다면 미래 대한민국 고용 트렌드는 어떻게 될까?

첫째, 4차 산업혁명 선도 기술직의 고용 증가

2016년 6월 국회 4차 산업혁명 포럼에서 한국소프트웨어협회는 미래를 이끌고 갈 기술 인력이 턱없이 부족하다고 밝혔다. 인공지능, 빅데이터, 가상현실, 자율주행 등과 같은 신기술이 필요한 중소기업의 경우 고급 기술을 구사하는 인력 부족을 호소하고 있는 상황이다.

정부에 체계적인 인력 개발을 위한 교육 시스템 구축을 촉구하는 자리에서 필자는 향후 30년간은 앞서 소개한 4차 산업혁명 선도 기술직의 고용이 크게 증가할 것이라는 생각이 들었다. 분야는 컴퓨터공학, 기계, 전기전자, 유전학, 생명공학 등이며, 융합 지향적인 기술이 크게 필요하게 될 것이다.

둘째, 기술상품을 효과적으로 설명하는 전문 영업직의 증가

기술의 빠른 발전으로 제품이 고도화되면서 많은 소비자들은 자신에게 맞는 상품을 이해하고 고르는 데 어려움을 겪게 되었다. 또한 고령 인구의 점진적인 증가로 이런 어려움은 더욱 커질 것이다. 스마트 공장, 가상현실 기계, 자율주행 자동차, 핀테크, 유전자재조합 식품 등이 생겨나면서 소비자들은 보다 구체적인 이해와 선택을 위한 도움을 필요로 하게 될 것이다.

그래서 향후 전문 영업직들은 미래 기술 발전에 대한 충분한 이해를 바탕으로 소비자를 만날 것이고, 기업 역시 신기술에 대한 이해도가 높은 사람을 채용할 것이다. 평생학습 시대에 영업직들은 끊임없이 공부하고 또 공부해야 하는 과제를 안게 되었다.

셋째, 고령화와 저출산 등으로 고용 감소와 증가가 동시에 일어날 것

고령화로 의사, 치과의사, 간호사, 물리치료사, 작업치료사, 응급구조사, 임상심리사, 사회복지사, 간병인 등이 증가할 것으로 예상된다. 그러나 산부인과 의사와 영상의학과 의사는 각각 저출산과 빅데이터의 영향으로 여기서 제외되고, 고령화와 저출산 문제로 교육계와 농산업식물재배 종사자는 감소할 것 같다.

넷째, 높은 경제 성장으로 경영서비스 지원 전문직이 크게 증가할 것

최근 정부는 창업 기업을 대상으로 전문경영컨설턴트를 위촉하여 멘토링 서비스를 진행하고 있다. 기술특화 사업체일 경우, 특허출원을 위한 변리사 무료상담 서비스도 지원하고 있는 실정이다. 기술 집약적 사업의 활성화, 사업 규모의 대형복잡화로 인해 변리사, 경영지도사 등과 같은 전문직의 수요도 크게 늘고 있다. 특히 개인과 회사의 특허가 갈수록 중요해지는 상황에서 변리사의 수요는 점점 많아질 것이다.

Chapter 06

직업 선택의 기준을
함께 생각하라

"저는 반드시 서울에 있는 대학에 갈 거예요."

"아니, 왜?"

"서울에 있는 대학에 들어가야 대기업에 들어갈 수 있잖아요."

"대기업은 어디?"

"삼성이나 SK요. 대기업에 들어가야 성공할 수 있어요."

"언제부터 그런 생각을 하게 되었는데?"

"그냥 그런 생각이 들었어요."

종로에 사는 학생과 코칭을 하면서 나눈 대화다. 깊은 대화를 나누다 보니 그 아이의 가정사까지 알게 되었다.

아버지가 다니던 중소기업이 어느 날 부도가 났다. 그런데 아버지는 이 사실을 어머니에게 알리지 않았고, 심지어 집을 담보로 대출을 받아 6개월간 직원 월급을 주었다. 그러던 어느 날 어머니가 등기부등본을 떼어보고 그 사실을 알게 되었고, 크게 부부싸움을 했다. 그때 어머니는 아이 앞에서 "지방대학을 나오면 네 아빠처럼 사는 거야."라고 하면서 화를 냈다. 그 후 어머니가 가장이 되었다. 자연스럽게 엄마의 입김도 세지고 아버지는 기가 죽은 채 지냈다. 그때 아이는 중학교 2학년이었다. 이 사건은 아이의 뇌리에 깊이 각인되었고 대학을 가야 할 이유가 되었다. 문제는 대학을 가고 싶은 이유가 아이에게 건강하게 적용되지 않았다는 것이다.

아이는 짜증과 불만의 감정이 생겼고, 어머니가 집안에서 휘두르는 권력 때문에 화가 났다. 아빠를 존중하기 않고 때로는 자신을 감시하는 어머니의 말과 행동으로 인해 아이는 오기로 똘똘 뭉치게 되었다. 공부를 하기보다는 공부하는 시늉을 했고 '꿈이 뭐냐'고 물으면 '서울 4년제 대학에 들어가서 대기업 직원이 되는 것'이라는 냉소적인 말만 했다. 분노가 담긴 꿈은 꿈이 아니라는 것을 아이의 눈을 통해 느낄 수 있었다.

이렇듯 아이들이 직업을 선택하는 기준은 부모가 평소 주고받는 대화를 통해서 만들어지기도 한다. 부모가 매일 돈 때문에 불행하다고 이야기하면 아이의 직업가치관은 자연스럽게 돈이 되는 것이다. 따라서 부모는 평소 아이들 앞에서 존중, 배려, 감사, 성실이라는 아름다운 가치가 녹아 있는 대화를 나누어야 한다.

기본적으로 아름다운 가치가 몸에 밴 부모는 아이에게 진로 지도를 할 때도 태도의 중요성을 언급한다. 또한 아이가 성인이 되어 어떤 직업을 선택할까 고민하고 있을 때, 특히 좋아하는 것과 잘하는 것 사이에서 고민하고 있을 때 현명한 선택을 할 수 있도록 지지하고 격려해준다. 지지와 격려를 온몸으로 받고 자란 아이는 어떤 선택의 길에 놓여 있을 때 내면의 소리에 따라 최선의 선택을 하게 되어 있다. 사례의 주인공의 경우도 마찬가지다. 부부 생활을 하면서 상대가 아무리 실수를 하고, 상대 때문에 어려움을 겪는다 할지라도 서로에 대한 깊은 사랑과 용서의 마음으로 어려움을 이겨낸다면, 아이는 부모의 이런 모습을 본받고 자랄 확률이 높다. 자녀에게 부자가 되기 위한 직업을 골라주는 것이 아니라 아이가 만족하고 삶 속에서 의미를 발견하며 자신의 일에 몰입할 수 있는 직업을 대화를 통해 찾아가는 것이 부모의 직업 선택의 기준이 되어야 한다.

아이의 직업 정보
호기심을 길러주라

"엄 코치님, 우리 지원이 좀 도와주세요. 아니 이 녀석이 글쎄 커서 뭐가 되고 싶냐고 물었더니 슈퍼마켓 주인이 되겠다고 하는데 어떻게 해야 되죠? 애 꿈 좀 바꿔주세요."

가끔 이런 질문을 가지고 찾아오는 어머니들 때문에 당혹스러울 때가 있다. 그래서 지원이를 만나 차근차근 언제부터 슈퍼마켓 주인이 되고 싶었는지 물어보았다. 지원이가 생각하는 슈퍼마켓에는 자동차도 있고 애견도 많고 과자, 식생활용품까지 있었다. 이야기를 쭉 들어보니 거의 이마트 수준을 능가하는 대형 슈퍼마켓이었다. 이야기를 모두 듣고 난 뒤 어머니에게 "어머니, 지원이가 생각하는 슈퍼마켓은 이마트를 능가하는 수준이니, 슈퍼마켓 주인이라는 표현보다 유통업계 왕이라고 하는 게 좋겠네요."라고 말했다. 그 말을 들은 어머니는 안심을 했다. 그렇다면 지원이 어머니는 왜 그렇게 조바심을 냈을까?

부모들은 자녀 스스로 자신이 원하는 삶을 살아주었으면 하는 마음도 있는 반면, 부모가 가졌던 간절한 바람을 대신 이루어주길 바라는 마음도 있다. 그러다 보니 아이가 초등학교에 진학한 뒤 부모는 계속해서 아이에게 "커서 무엇이 되고 싶니?"라는 질문을 하게 되고, 답변이 마음에 들지 않으면 아이에게 더 큰 꿈을 가지라고 이야기한다.

이와 관련된 사례가 하나 있는데, 3년 전 진로코칭을 한 장석이 사례다. 신도림에 있는 초등학교 6학년생이었던 장석이는 반장으로 활동을 하면서 선생님의 귀여움을 받고 있었다. 어느 날 장석이 아버지가 장석이에게 "장석아, 커서 뭐가 될 거니?"라고 물어보았다. 장석이가 "초등학교 선생님이요."라고 대답하자 장석이 아버지는 "에이, 남자가 무슨 초등학교 선생님이냐? 창피하지도 않냐?"라고 핀잔을 주었다. 사춘기로 접어들고 있었던 장석이는 그 뒤로 아버지와 이야기를 하지 않게 되었고, 공부도 하지 않게 되었다고 했다.

아이의 욕구, 감정, 마음 상태를 관찰하자

아이에게 진로교육을 제대로 하기 위해 부모는 탑을 쌓는 마음으로 아이를 관찰해야 한다. 아이의 욕구, 감정, 마음이 어떤 상태인지 알아야 한다. 앞서 슈퍼마켓 주인이 되겠다는 아이가 그 꿈을 부모에게 말했다면 부모는 조심스럽게 아이가 무엇 때문에 그런 생각을 가지게 되었는지 살펴보고 이야기를 끝까지 들어줬어야 했다. 왜냐하면 아이의 말을 끝까지 듣다 보면 정말 자신이 말하고 싶은 것을 말하게 돼 있기 때문이다. 아이는 대형마트를 능가하는 유통업계 왕이 되고 싶다는 이야기를 슈퍼마켓 주인이라고 표현한 것뿐이다.

부모는 아이의 언어를 관찰을 통해 해석할 줄 알아야 한다. 게다가 초등학교 시절에는 또래 집단에서 가장 영향력 있는 직업을 선택하는 경향이 많기 때문에 부모의 관찰은 매우 중요하다.

초등학교 선생님이 되겠다고 말하는 아이의 반응도 마찬가지다. 장석이가 초등학교 선생님이 되고 싶다고 이야기할 때 그 아버지는 아이의 반응을 살펴보았을까? 아이가 이야기를 할 때 표정이 밝거나 말의 속도가 빨라졌다면 아이는 그 직업에 관심이 많다는 것이다. 이때 부모는 장석이 아버지처럼 반응할 것이 아니라 초등학교 선생님이라는 직업이 가지고 있는 특성을 먼저 이해할 필요가 있다.

"오 그래? 장석이는 초등학교 선생님이 되고 싶구나? 언제 그런 생각이 들었어? 혹은 무엇이 그런 생각을 갖게 만들었니?" 같은 질문만 해줬어도 아이는 그 순간 자신이 왜 선생님이 되고 싶은지 생각했을 것이다. 설령 아이가 그 순간 답변을 하지 않는다 할지라도 내버려두는 것이 좋다. 왜냐하면 좋은 질문은 아이로 하여금 계속 생각하게 만들기

기관	사이트 주소	특징
커리어넷	www.careernet.re.kr	직업 정보 학과 정보 학교 정보 학교 홈페이지로 링크됨 진로상담-사이버상담
워크넷	www.work.go.kr	직업 검색 이색 직업 학과 검색
학교알리미	www.schoolinfo.go.kr	전국 초·중·고 특수학교의 최근 교육 소식 학교별 특색 교육 과정
대학알리미	www.academyinfo.go.kr	학교 종류, 유형, 학과 정보 입학 전형, 취업률

자료 : 직업 및 학과 정보 수집 사이트

때문이다. 이는 아이로 하여금 자신만의 길을 개척해갈 수 있도록 돕는 과정이자, 자기주도적 진로 설계를 위한 첫 단추가 된다.

아이가 주도적으로 목표를 갖고 공부하고, 시간 관리까지 잘했으면 좋겠는가? 그렇다면 아이가 말하는 직업에 민감하게 반응하지 말고 민감하게 먼저 관찰하길 바란다. 아이는 부모의 질문이 좋으면 좋을수록 그만큼 성장한다는 사실을 잊지 말자.

앞의 표에 나오는 사이트에 들어가서 한번씩 검색해보길 바란다. 실제로 대치동의 많은 컨설팅 회사들이 이 사이트들을 효과적으로 활용하고 있다. 평소에 관심을 갖고 검색해보면 자녀의 진로진학에 많은 도움이 될 것이다.

Chapter 08

진학 정보를 알고
진학 방법에 대해 이해하게 하라

진로 지도에 있어서 진학 정보 수집은 빼놓을 수 없을 정도로 매우 중요하다. 왜냐하면 아이의 진로를 발견하고자 할 때 방해물 1위가 진학 정보 부족이기 때문이다. 따라서 정보 수집을 많이 할수록 아이의 진로 선택의 폭은 넓어진다. 초등학교에서 중학교로 올라갈 때 보통 학생들은 집 근처의 일반 중학교로 진학한다. 그러나 예·체능 특기자의 경우 예술 중학교나 국악 중학교, 아니면 체육 중학교에 진학한다.

고등학교는 일반 고등학교, 특수목적 고등학교, 특성화 고등학교, 자율 고등학교 등 4가지 유형이 있다. 각각의 학교 유형에 따라 입학 전형, 교육 과정, 학교 운영 방식 등에서 다양성이 폭넓게 인정되고 있다.

일반 고등학교는 특정 분야가 아닌 다양한 분야에 걸쳐 일반적인 교육을 실시하는 고등학교를 말한다. 특수목적 고등학교는 특수 분야의 전문적인 교육을 목적으로 하는 고등학교를 말하는데, 과학 인재 양성을 목적으로 하는 과학고등학교, 외국어에 능숙한 인재 양성을 위한 외국어고등학교, 국제 전문 인재 양성을 위한 국제고등학교, 예술인 양성을 위한 예술고등학교, 체육인 양성을 위한 체육고등학교, 그리고 산업계의 수요와 직접 연계된 맞춤형 교육 과정을 운영하는 산업수요 맞춤형 고등학교 등이 인정되고 있다.

특수목적 고등학교

특수 분야의 전문적인 인재를 양성하기 위해 초 · 중등교육법 시행령에 의해 설립된 고등학교를 말한다. 과학고등학교, 외국어고등학교, 국제고등학교, 예술고등학교, 체육고등학교, 마이스터고등학교(산업수요 맞춤형 고등학교)가 대표적이다.

2011년 기준으로 살펴보면 과학고 19개교, 외국어고 33개교, 국제고 4개교, 예술고 25개교, 체육고 15개교, 마이스터고 2개교가 설립되어 운영되고 있다. 신입생 선발은 전기와 후기로 나뉘어 실시되는데, 특수목적 고등학교 신입생은 전기에 선발한다. 과학고와 외국어고, 국제고 응시자를 제외하고 특수목적 고등학교에 응시하는 학생 중 예술고, 체육고, 마이스터고 응시자는 재학한 중학교가 소재하는 학군 내에서만 지원할 수 있다.

마이스터고등학교

마이스터고등학교는 특수목적 고등학교의 한 유형이다. 유망 분야의 특화된 산업 수요와 연계하여 최고의 교육으로 젊은 기술 명장(meister)을 양성하기 위한 학교다.

최근 전문계 고등학교는 학교 수와 재학생 수가 지속적으로 감소하고 있으며, 취업보다는 진학 선호 현상이 심화되고 있을 뿐만 아니라 직업 교육에 대한 정부 차원의 관심 부족 등으로 인하여 많은 어려움을 겪고 있는 상황이다. 이에 정부는 기존의 전문계 고등학교가 지니고 있는 문제점을 해소하고 우리나라가 지속가능한 성장을 이룰 수 있는 견인차 역할을 하는 기술 영재를 양성하기 위한 발전적인 전문계 고등학교의 선진 모형으로 마이스터고등학교를 설치 · 운영하게 되었다.

마이스터고등학교는 운영 주체의 다양화, 현장 전문가 중심의 교사 배치, 전면 자율화된 교육 과정을 통해 맞춤형 교육을 실시하고 있으며, 학생 선발에 있어서 입학 전형의 다양화와 자율화 성격을 지닌 '산업수요 맞춤형' 고등학교라고 말할 수 있다. 소질과 적성에 따라 원하는 분야의 전문가로 성장하기를 희망하는 학생을 대상으로 하며, 지역전략 산업이나 산업계와 연계된 유망 분야에 관하여 지식과 실무 능력을 겸비한 기술영재를 육성하기 위한 선도학교라 할 수 있다.

현재 마이스터고등학교는 전자, 기계, 조선, 반도체 장비, 철강, 자동차, 에너지, 항만물류, 의료기기, 모바일, 메가트로닉스 · 자동화 설비, 뉴미디어콘텐츠 등 12개 산업 분야 중 각 분야별로 학교를 지정하여 운영하고 있다. 대표적으로는 인천전자고등학교, 경북기계공업고등학교, 삼천포공업고등학교, 충북반도체고등학교, 부산자동차고등학교, 수도전기공업고등학교 등이 있다.

자율형 사립 고등학교

자율형 사립 고등학교는 사립학교의 건학 이념에 따라 교육 과정, 학사 운영 등을 자율적으로 하는 고등학교로, 학교별로 다양하고 개성 있는 교육 과정을 운영한다. 전형은 대체적으로 중학교 내신 성적을 일부 반영한 추첨 방식과 필기고사를 제외한 자기주도학습 전형으로 나뉘며, 2010년 12월 기준 50개교가 자율형 사립 고등학교로 지정되어 있다.

대표적으로는 서울 신일고등학교, 용인외국어고등학교, 용문고등학교, 대광고등학교, 하나고등학교 등이 있다.

특성화 고등학교

전문 직업인 양성을 위한 특성화 교육 과정을 운영하는 고등학교다. 소질과 적성 및 능력이 유사한 학생을 대상으로 특정 분야의 인재양성을 목적으로 한다. 교육 또는 자연 현장 실습 등 체험 위주의 교육을 전문적으로 실시하는 고등학교를 말한다.

만화와 애니메이션, 요리, 영상 제작, 관광, 통역, 금은 보석 세공, 인터넷, 멀티미디어, 원예, 골프, 공예, 디자인, 도예, 승마 등 다양한 분야에서 재능과 소질이 있는 학생들에게 맞는 교육을 실시한다.

특성화 고등학교는 다시 직업 교육 분야와 대안 교육 분야로 나뉜다. 이 중 전자를 흔히 특성화 고등학교, 후자를 대안학교라고 부른다. 현행 초·중등교육법은 고등학교를 일반계 고등학교, 실업계 고등학교, 특수목적 고등학교, 산업체 부설고등학교, 방송통신고등학교, 특성화 고등학교 등으로 분류하고 있다.

대표적인 특성화 고등학교로는 경복비즈니스고등학교, 대동세무고등학교, 덕수고등학교, 서울관광고등학교, 서울로봇고등학교, 대진전보통신고등학교, 동래원예고등학교 등이 있다. 대표적인 대안학교로는 지구촌고등학교, 산마을고등학교, 이우고등학교, 한겨레고등학교, 세안고등학교, 간디학교, 지리산고등학교 등이 있다.

자녀를 키우는 부모라면 가끔 자녀가 원수로 여겨질 때도 있을 것이다. 자녀가 원하는 것을 제대로 이행하지 않거나 원하는 성적이 나오지 않을 때 그렇다. 자녀에게 100원을 투자해 100원 이상의 효과를 얻고 싶다면 그 마음은 결과 중심의 마음일 것이다. 이런 결과 중심의 마인드로는 자녀를 효과적으로 양육하기가 어렵다. 무엇으로 자녀가 행복해지도록 도울 수 있을까? 그것은 바로 부모의 비전(vision), 가치관(value), 긍정적인 언어(verbal)다.

1. 부모의 꿈

부모의 꿈은 가족의 문화를 형성하는 데 기둥이 되며, 자녀를 교육하는 데 기준이 된다. 많은 부모들이 '자녀를 키우면서 꿈을 가져라', '공부해라'라는 이야기를 참 많이 하지만 정작 본인들의 꿈과 비전은 낡은 상태로 남아 있는 것 같다. 부모의 비전은 없고 오직 아이에게만 비전을 갖고 공부하라고 하는 것은 어불성설이다. 그렇다면 어떻게 해야 할까? 무엇보다 부모가 꿈을 갖고 행동하는 것이 매우 중요하다. 왜냐하면 부모의 꿈이 곧 온 가족의 꿈으로 연결되기 때문이다. 그러기 위해서 부모는 아이를 양육하면서 느끼는 화, 짜증 등에 대해 생각해보고 '내가 왜 이런 감정을 느끼는지' 내면을 살펴보는 훈련을 할 필요가 있다. 자기 내면을 제대로 살피는 부모가 자녀와도 소통을 잘한다. 가족은 언젠가는 헤어진다. 가족 관계도 영원하지는 않다. 언젠가 헤어진다면 아이들에게 무엇을 남겨주고 싶은가? 돈, 명예, 권력인가? 아니면 오래전 아이들 이름 앞으로 계약해 둔 땅이나 보험인가? 아니다. 우리가 아이들에게 물려주어야 할 것은 부모의 성실성을 바탕으로 가꾸어온 꿈이다.

부모의 꿈은 자녀에게 꿈이 무엇인지 행동으로 보여주는 과정이며, 자녀가 어떻게 살아가면 행복할 것인지 알 수 있도록 돕는 거울과 같은 역할을 한다. 부모의 꿈이 무엇인지 아는 아이는 자신의 비전에 대해 고민하게 될 것이며, 이는 곧 진로교육이 될 것이다.

2. 부모의 가치관

가치관이란 과거의 경험을 통해 형성된 생각의 총집합을 일컫는데, 부모의 가치관은 자녀 양육의 가장 기초가 된다. 왜냐하면 가치관은 언어에 영향을 미치고 행동의 기준이 되기 때문이다. 자녀 양육에서 부모의 가치관은 보호자의 가치관과 코치의 가치관으로 나뉜다.

보호자로서의 가치관은 무엇보다 자녀의 미성숙함에 기초를 두고 자녀를 보호해야 할 대상으로 여긴다는 것이다. 자녀를 보호해야 할 대상으로 여긴다면 어떤 관계가 형성될까? 부모와 자녀의 관계

부모는 자녀의 미래를 터치하는 사람

할 대상으로 여긴다면 어떤 관계가 형성될까? 부모와 자녀의 관계는 수직적 관계로 형성될 것이다. 반면 코치로서의 가치관은 자녀를 보호의 대상보다는 서포트(support)의 대상으로 여기게 된다. 그렇게 하면 부모와 자녀는 수직적 관계보다 수평적 관계를 형성하게 될 것이고 자녀는 부모를 자신의 꿈을 이루는 데 있어서 최고의 지지자로 인식할 것이다. 부모를 최고의 지지자로 인식하는 아이의 태도는 어떨까? 무엇보다 부모에 대한 존경심을 갖게 될 것이다. 중요한 것은 아이의 발달 성숙도에 따른 부모의 양육 태도의 변화다.

그러나 대다수 부모들은 유아기 때 가지고 있던 보호자 마인드를 아이가 청소년이 된 후로도 고수하는 경향이 있다. 그들은 아이의 생각이 자라고 있다는 사실을 잊고 있다. 아이의 뇌와 생각과 신체는 하루가 다르게 성장하고 있는데 부모의 양육 태도는 예전 그대로인 것이다. 말 잘 듣던 아이가 사춘기가 되면서 부모와 갈등이 생기는 이유는 이처럼 아이를 대하는 부모의 가치관이 성장하고 있지 않기 때문이다.

0~1세 보호자 먹고 자고 입는 등 생명 유지와 세상에 적응하는 데 필요한 모든 환경을 제공하고 보살핀다.

1~3세 양육자 아이와 안정적인 애착을 형성, 사회성의 기초를 마련한다. 아

직 미숙한 아이의 신변 처리를 돕고 신체, 인지, 정서 등의 고른 발달을 이끈다.

4~7세 훈육자 아이가 사회생활과 대인관계 유지에 필요한 사회규범과 질서, 규칙을 익히도록 돕는다. 일상생활을 위한 신변 처리, 학습 능력을 키우는 것도 포함된다.

8~12세 격려자 자신의 일을 스스로 해낼 수 있도록 용기와 지혜를 일깨워주고 독립심을 길러준다. 아이의 자아 존중감, 도덕성 발달을 이끈다.

13~20세 코치 아이의 고민이나 문제를 해결하는 데 멘토 역할을 해주고 든든한 지원군이 돼준다.

3. 부모의 언어

사춘기 때 아이들은 정체성이 형성되지 않았기 때문에 어른들이 일러주는 자신의 장단점 및 행동에 대한 피드백, 성적 등이 자신의 진짜 모습이라고 착각한다. 어른들이 일러주는 자신의 모습이 어떠냐에 따라 아이들은 미래에 대한 자신감을 갖기도 하고 용기를 잃어버리기도 한다. 따라서 부모가 사용하는 언어는 매우 중요하다. 대다수 부모들이 아이의 교육 환경을 위해 목동이나 대치동으로 이사하려고 안간힘을 쓰는데, 그보다 더 중요한 것이 가정 안에서 사랑의 언어로 대화하는 환경을 만들어주는 것이라는 사실을 기억해야 한다.

어른들이 일러주는 자신의 모습이 어떠냐에 따라
아이들은 미래에 대한 자신감을 갖기도 하고 용기를 잃어버리기도 한다.
따라서 부모가 사용하는 언어는 매우 중요하다.

PART 05

진로
장애물을
찾고
극복하라

Chapter 01

부모의 언어가
장애물이 되기도 한다

강남에 살고 있는 영석이 이야기다. 초등학교 6학년 때는 반장 활동도 하고 리더십이 탁월한 학생이었다. 그러나 고등학교에 진학한 후에 공부를 너무 하지 않는다며 영석이의 부모는 걱정했다. 아버지는 의과대학 교수이고 어머니는 미술대학 조교수다. 위로 누나가 한 명 있는데, 누나는 초등학교 때부터 자기관리를 너무 잘해서 부모가 크게 신경 쓰지 않아도 될 정도고, 스스로 공부하는 습관을 지니고 있어서 중학교 때부터 지금까지 전교 1등을 놓친 적이 없다고 했다.

반면 영석이를 생각하면 한숨부터 나온다고 했다. 초등학교 때는 시키지 않아도 잘했고 영어, 과학은 누나보다도 오히려 잘했기 때문에 크게 걱정하지 않았는데, 고등학교 2학년으로 올라가는 시점에 공부를 하지 않으니 속이 타들어간다고 했다. 무엇보다 영석이에 대해 알고 싶어했고, 왜 공부를 하지 않는지도 궁금해했다.

2주 뒤 온 가족이 심리검사를 받고 난 뒤 알게 된 사실이 있었다. 영석이 부모와 누나는 매우 합리적인 성향을 가지고 있었고 타인 조종력과 비전 지수도 높을 뿐만 아니라 실천 지수도 높았다. 그런데 영석이의 경우는 자기 욕구 충실 지수는 높았으나 합리적 성향, 비전 지수, 실천 지수는 모두 낮았다.

영석이를 처음 만난 자리에서 영석이는 내게 "코치님, 1시간만 코칭하면 되죠? 저 빨리 가야 되요."라고 말했다. 그래서 영석이에게 "코칭받고 싶은 거 맞지?"라고 의도를 재확인하기 위한 질문을 하자 영석이는 "네, 맞아요. 어차피 공부 잘하라는 이야기를 하려고 하시는 거 아니에요?"라며 퉁명스럽게 말했다. 보통 아이가 이렇게 반응할 때는 아이내면에 뭔가 불편한 진실이 숨어 있는 경우가 많다. 그래서 영석이에게 무엇 때문에 그런 생각을 하게 되었는지 물었다. 영석이는 "그런 얘기 숱하게 들었어요. 어른들은 늘 공부 잘하라고만 이야기하지 왜 잘해야 하는지 알려주지도 않잖아요. 결국 잘 먹고 잘살려고 하는 거 아니에요? 근데 공부를 잘해야만 잘 먹고 잘사는 건 아니잖아요." 영석이의 말을 들으면서 순간 '이 친구 속에 뭔가 좀 꼬인 게 있구나'라는 생각이 들었다.

필자는 우선 영석이에게 충분히 공감을 해주었다. "그래 맞아, 영석아, 그렇게 느낄 수 있어. 그럼 지금 네가 가장 바라는 것은 무엇이니?"라고 물었고 영석이는 그냥 자기를 좀 내버려두었으면 좋겠다고 했다. 그래서 "오늘은 여기까지만 하자."라고 제안하고, 진로코칭에 대해 다시 알려주었다.

진로코칭은 코칭 질문을 통해 학생이 원하는 진로를 발견할 수 있도록 돕고 장애물을 제거해나갈 수 있도록 돕는 것이고, 영석이 스스로 진로코칭을 받고자 하는 의지가 있는지가 제일 중요하다고 알려주었다. 진로코칭은 과외도 아니고 누가 시켜서 하는 것이 아니라 코칭받는 사람의 의지가 올바르게 서 있을 때 효과가 발휘된다고 말했다.

부모의 언어로 인해 상처받은 마음을 치료하자

첫날 서로 신고식을 호되게 치르고 나서 2회차 때 영석이는 태도가 달라져서 나타났다. 영석이는 "그럼 제가 선생님만큼은 믿고 이야기해도 되는 거죠?"라고 말했다. 그래서 필자는 "우리 둘이 나누는 이야기는 비밀이 보장되고, 나는 너의 코치라는 것을 기억했으면 좋겠어."라고 했다.

2회차 때는 인생 곡선 그리기를 하고 심리검사 프로파일을 함께 보면서 영석이의 특징을 파악하기 위해 함께 노력했다.

그리고 3회차 때 영석이의 아픔을 알 수 있었다. 영석이는 "제 자신이 가장 자랑스러웠을 때는 중학교 2학년 때까지였고, 그 이후로는 없어요."라고 했다. 그게 무슨 말이냐고 물었더니 중학교 2학년 때 성적이 한 번 좋지 않았던 적이 있었다고 했다.

그전까지는 부모님이 그냥 공부하라고 하니까 공부를 했다. 하지만 중학교 2학년 때부터는 '내가 이걸 왜 하고 있지?'라고 스스로 물었지만 자신은 대답할 수가 없었고 부모님께 넌지시 물어보았으나 부모님은 딴생각하지 말고 공부나 하라는 소리만 했다. 그러고 나서 중학교 2학년 중간고사 성적에서 평균 10점이 떨어지면서 부모님께 크게 혼이 났다고 했다. 그때 부모님이 하신 말씀 중에 평생 잊을 수 없는 말이 하나 있었다고 한다. 그것은 "드디어 우리 집안에 문제아 한 명 나왔네. 우리 집안 전체를 놓고 봤을 때 지금껏 너처럼 공부 못하는 애는 없었다. 에그 창피하다 창피해."라는 말이었다. 부모님의 기대가 매우 컸던 모양이었지만, 영석이에게 그 말은 아주 큰 상처가 되었다.

가만 살펴보니 그동안 공부를 잘했던 누나로 인해 온갖 스트레스를 다 받다 보니 누나를 의식하지 않을래야 않을 수 없었다. 항상 누나와 비교되면서 영석이는 열등감을 갖고 있었다. 그러던 차에 부모님에게 들은 그 말은 영석이에게 큰 충격을 주었다. 그 후로 영석이는 공부하는 시늉만 했다고 한다. 왜 그런지 모르겠지만 왠지 자신은 쓸모 없는 존재인 것 같고, 할 수 있는 게 아무것도 없는 것 같다고 했다. 그리고 그 일 이후로 자신의 삶도 많이 바뀌었다고 했다.

집에 있으면 답답하고, 밖에 나가도 모두가 자신을 조롱하는 것 같다고 했다. 영석이의 이야기를 듣고 있는 내내 필자에게는 영석이의 분노가 느껴졌다. 부모님 눈에는 그냥 말도 하지 않고 조용히 공부만 하는 아이, 그런데 성적은 오르지 않는 아이로만 보였지만 내면은 비교와 열등감의 덫에 걸려 허우적거리고 있는 모습이었다. 영석이에게 마음 아픈 곳에 손을 얹고 문지르면서 "비록 나는 가족 안에서 성적이 낮아 누나와 비교당해 상처를 받았지만 그럼에도 불구하고 나는 나 자신을 깊이 사랑합니다."라고 해보라고 했다.

그렇게 3분 동안 반복하며 따라하던 영석이는 크게 목 놓아 울기 시작했다. 영석이 마음속에서 쓴 뿌리가 보이는 순간이었다. 무엇이 영석이 마음속에 쓴 뿌리가 자라게 했을까? 그건 부모님이다. 무심코 던진 돌멩이에 개구리는 맞아 죽는다고 하지 않던가!

본래 의도는 열심히 하라는 것이었지만 의도와 다르게 말이 나가는 경우가 있다. 이처럼 아이들이 어른이 되기까지 정신적으로 건강하게 자라는 데 있어서 부모의 언어는 매우 중요하다고 할 수 있다. 부모가 아이에게 어떤 의도를 갖고 말을 하든 받아들이는 아이 마음속에 상처를 남겼다면, 아이의 자존감은 땅에 떨어질 수밖에 없다. 시간이 지나면서 잊혀질 거라고 생각한다면 큰 오산이다. 왜냐하면 아이들은 그런 상처를 오랫동안 묵혀두고 진로 장애물을 만들기 때문이다.

영석이와 마음을 터놓고 지내게 되면서 필자와의 사이에는 긴밀한 친밀감과 신뢰가 쌓였다. 코칭이 끝나갈 무렵 우리는 영석이가 요리사에 대해 큰 흥미를 가지고 있다는 것을 발견했고, 부모님과 끈질기게 고민을 함께하면서 결국 고등학교를 그만두고 호주로 요리 유학을 떠나기로 결정했다.

물질적으로 자녀의 꿈을 이룰 수 있도록 돕는 것도 중요하지만 자녀 스스로 자신의 꿈을 발견하고 성취해나갈 수 있도록 공감적 경청과 지지와 인정, 건강한 언어로 울타리를 쳐주는 것이 무엇보다 중요하다는 것을 다시 한 번 깨달았던 경험이었다.

TIP 자존감이란?

아이의 자존감을 무너뜨리는 부모들이 있다. 부모는 아이에게 훈육을 한다고 하지만 감정적으로 공격하여 아이 마음에 상처를 남기는 경우가 있다. '이 성적으로 네가 뭘 할 수 있겠니? 게임도 머리가 있어야 하지. 동생들이 널 보면서 뭘 배우겠니? 머리는 확 비어가지고 무슨 게임을 해? 휴대폰이 그렇게 좋냐? 그럼 가지고 나가 살아. 넌 이제 망했다. 알아?' 같은 부모의 언어는 아이의 자존감을 파괴한다.

자존감이란, 자기 자신을 사랑하는 마음이다. 자기 자신을 사랑한다는 것은 어떤 외부의 환경이나 능력, 행동, 성적, 부와 가난이라는 원인으로 자기애를 판단하는 것이 아니라 자기 자신을 있는 그대로 받아들인다는 것이다. 이런 주도성에서 자존감은 비롯된다. 아이의 자존감을 높여주기 위해서는 무엇보다 '옆집 아이'를 대하는 마음으로 훈육하는 것이 좋다. 즉 감정적이기보다 이성적으로 조용하게 규칙을 알려주되, 지키지 않았을 경우 단호하게 '규칙을 어기면 안 되는구나'라는 의식을 심어주어야 한다. 그러기 위해선 '그럼에도 불구하고 엄마는 혹은 아빠는 너를 매우 사랑한다'라고 알려주고 안아주는 것이 좋다. 왜냐하면 아이들은 경험이 적고, 생각의 폭이 좁기 때문에 엄마나 아빠의 이런 훈육을 자기를 미워하기 때문에 하는 것이라고 생각한다. 그리고 엄마 아빠가 자신을 사랑해서 알려주는 것이라고 생각하기보다 일방적인 폭력이라고 생각한다. 그래서 부모의 훈육을 수용하기보다는 오히려 그것이 오기와 반항과 내적인 폭력을 키우는 계기가 된다.

Chapter 02

낮은 성적이
걸림돌이 될 수 있다

 목동에서 진로코칭을 받는 영희에게 물었다.

"영희야, 넌 앞으로 15년 뒤 어떤 직업을 갖고 싶니?" 그러자 영희는 "애완동물미용사요."라고 대답했다. 좀 이상하다 싶어 영희에게 "만약 네가 모든 과목에서 만점을 받는다면 어떤 직업을 갖고 싶니?"라고 다시 묻자 머리를 긁적이며 "아, 그럼 당연히 수의사죠."라고 대답하는 게 아닌가! 그래서 "아니, 그럼 처음부터 수의사라고 이야기하지 무엇 때문에 애완동물미용사라고 대답했니?"라고 묻자 "아, 제가 사실은 수학을 잘 못하거든요."라는 대답이 돌아왔다.

필자가 다시 영희에게 수학 교과서를 가져오라고 했더니 영희는 20분이 지나서야 수학 교과서를 가지고 왔다. 필자 앞에서 교과서를 펼쳐 든 아이의 눈에서 근심이 엿보였다.

지난 시간에 배운 것을 알려달라고 하자 '함수의 절편' 부분을 배우고 있다고 했다. 그래서 영희에게 '절편'이 무엇인지 물었다. 영희는 한참을 생각하더니 "떡인가?"라고 말했다. 귀여운 여학생 입에서 나온 대답이 '떡'이라는 사실에 필자는 웃음과 쓸쓸함이 교차했다. 수학시간에 선생님이 'X절편, Y절편'이라고 지칭할 때 영희의 머릿속에서는 'X떡, Y떡'이 왔다 갔다 했을 것이라는 생각 때문이었다. 안 되겠다 싶어서 영희의 눈을 바라보며 "영희야, 네가 수학을 못하는 거니? 아님 안 하는 거니?"라고 물었다. 그러자 영희는 '안 한 것 같다'고 답변했다. 또다시 필자는 "안 한 것 같니? 안 했니?"라고 물었고, 영희는 "안 했죠."라며 작은 목소리로 말했다. "그래 영희야! 네가 수학을 제대로 하지 않은 거야. 네가 수학을 제대로 하지 않았으면서 수학을 못한다는 생각을 갖고 있는 거야. 넌 네가 정말 원하는 수의사를 수학 때문에 못할 거라고 생각하고 있잖아. 지금 네 수학 점수는 진짜 네가 아니란 말이야! 너의 낮은 성적 때문에 너의 꿈을 바꾸는 비겁한 행동은 더 이상 하지 마!" 이 말이 떨어지자마자 영희는 눈물을 쏟아냈다.

영희는 자신이 정말 원하는 수의사라는 꿈을 이루고 싶어했다. 그러면서도 마음속에 큰 장애물을 가지고 있었다. 그 장애물은 바로 낮은 성적이다. 자신의 낮은 성적 때문에 꿈을 이루지 못할 것이라는 생각을 굳게 가지고 있었던 것이다. 사실은 제대로 개념 학습을 하지 않았기 때문인데도 말이다.

그렇다면 영희는 왜 이런 마음을 가지게 되었을까? 그것은 바로 영희 어머니가 아이를 성적으로 평가했기 때문이었다. 원하는 결과가 나오지 않자 성적을 가지고 아이에게 감정적으로 공격했던 것이다. 그 결과 아이는 자신의 낮은 성적이 진짜 자신의 모습이라고 생각한 것이다.

Chapter 03

아이의 진로 성숙도가 낮은 것이
문제일 수 있다

　　　H중학교에서 학부모 진로교육을 할 때의 일이다. 보통 강의가 끝나고 나면 많은 어머니들이 질문을 하기 위해 몰려온다. 그중 한 어머니와의 대화가 아직도 기억에 남는다. 그 어머니는 "우리 아들은 너무 착해요. 그런데 요즘 아들과 조금씩 갈등이 있는데 어떻게 해결해야 할지 잘 모르겠어요."라고 했다. 아들은 초등학교 시절부터 축구 선수가 되고 싶어했고 중학생이 된 지금도 축구 선수가 되겠다며 밤마다 공원에서 연습을 하는데 어떻게 해야 할지 모르겠다고 했다.

　　"어머님이 가장 원하시는 것은 무엇이죠?"라고 물었더니 어머니는 "저는 아들이 판검사가 되길 원하는데 따라주질 않으니 답답하죠."라고 했다. 이럴 땐 어떻게 하는 것이 좋을까?

　　자녀의 진로 지도를 할 때에는 자녀의 진로 성숙도를 확인해봐야 한다. 진로 성숙도란, 진로를 선택하는 자녀의 능력과 태도가 어떻게 형성되어 있는지 여부를 말한다. 보통 진로 성숙도 검사를 통해 이를 진단하는데, 중학생을 자녀로 둔 부모라면 한번쯤 검사해보길 권한다. 보통 진로 정체감, 가족 일치도, 진로 준비도, 진로 합리성, 정보 습득률 등을 척

도로 검사한다.

축구 선수가 되고 싶어하는 아들의 진로 성숙도를 검사해보니 가족 일치도의 간격은 매우 넓었고, 직업 정보의 이해도는 매우 낮았다. 검사를 통해 알게 된 사실은 아이는 보통 주변 사람들에게 인정받고 싶은 직업을 선택한다는 것이다. 그래서 어머니에게 "주변에서 아드님에게 축구를 잘한다는 이야기를 해준 사람이 있나요?"라고 묻자, "아뇨. 그런 분은 없었던 것 같아요. 아, 생각해보니 아이의 학교 체육선생님이 딱 한 번 그런 칭찬을 하신 적이 있다고 하네요."라고 했다.

"다른 건 없나요?"라고 묻자 어머니는 "아이가 이렇게 좋아하는데 제가 볼 때는 영 아니거든요. 그런데 이제는 정신 좀 차리고 공부에 매진했으면 좋겠어요."라며 푸념했다.

다양한 직업 세계에 대한 정보를 알려주자

여기서 필요한 것은 무엇일까? 무엇보다 부모는 아이가 하고 싶은 것을 무조건 반대하기보다 아이에게 다양한 직업의 세계에 대한 이해를 높여줄 필요가 있다. 현재 우리나라 직업 사전에 등록되어 있는 직업의 수만 하더라도 1만 5,000개다. 그러나 자녀가 알고 있는 직업의 개수는 고작해야 50개도 안 된다. 게다가 사춘기 시절 꿈꾸는 직업은 자기 자신에 대한 충분한 이해를 바탕으로 내린 결론이 아니라 자신이 좋아하는 것을 직업으로 삼고 싶은 마음에서 나오는 경우도 있다.

이런 것을 잘 모르는 부모는 부모가 원하는 직업을 자녀가 선택하지 않을 때 조바심을 낸다. 그러나 그럴 필요 없다. 다만 먼저 아이의 진로 성숙도 중 하나인 직업의 세계에 대한 이해를 높여주고 대화를 통해 가족 간 불일치하는 진로 문제를 일치시켜 나가기 위해 노력하면 된다.

우선 객관적으로 축구 실기 테스트를 받아보는 것이 좋다. 이미 부모와는 서로에 대한 고정관념이 생겼기 때문에 아이는 부모의 말을 듣지 않을 것이다. 이럴 땐 축구부가 있는 고등학교의 감독 선생님에게 데려가 정식으로 테스트를 받아보는 것이 서로에게 도움이 된다. 아이도 부모나 주변 사람들이 해주는 말만 듣기보다 객관적으로 테스트를 받고 나면 고심하게 될 것이다. 이게 인간의 특징이다.

인간은 언제나 최선의 선택을 하게끔 되어 있다. 지금보다 나은 상태로 가기 위해 더 좋은 조건을 찾아보고 선택하는 것이다. 그렇다면 여기서 부모의 역할은 무엇일까? 자녀가 최선의 선택을 잘할 수 있도록 다양한 직업의 세계에 대해 이해할 기회를 주고 객관적으로 테스트를 받아 합리적인 의사 결정을 하도록 돕는 것이다. 비합리적인 진로 지도가 오히려 더 큰 갈등만 불러일으킨다는 사실을 기억하고 부모가 자녀 진로 지도의 주춧돌이 되어보자.

진로 성숙도는 진로 정체감, 가족 일치도, 진로 준비도, 진로 합리성, 정보 습득률로 측정한다.

❶ **진로 정체감** 진로 결정에 대한 자신의 확신 정도를 알아보는 것

❷ **가족 일치도** 진로 결정과 관련된 가족 간의 의견이 어느 정도 일치되는지 알아보는 것

❸ **진로 준비도** 진로 선택을 위해 자신이 얼마나 잘 준비했는지 알아보는 것

❹ **진로 합리성** 진로 결정과 관련된 다른 사람들의 의견을 잘 받아들이는지의 여부

❺ **정보 습득률** 구체적인 직업 정보, 입시 정보에 대한 판단력을 알아보는 것

Chapter 04

아이와 함께
직업군의 롤 모델을 만나자

여의도에서 만났던 지연이의 성격 유형 검사를 해보니 외향형, 상상형, 사고형, 유연성이 높게 나타났다. 일명 발명가형이었다. 아이디어도 많고 같은 얘기를 반복하면 무지 싫어하는 아이, 그리고 구속받는 것을 싫어하고 어른이 이야기하면 안 듣는 것 같으면서도 다 듣고 있는 아이다.

지연이는 고등학교 2학년 때 학교를 그만두었다. 가기 싫은 학교를 계속 다녀야 하나 하는 생각과 혼자 공부하면 지금보다 좋은 대학에 들어갈 것이라는 판단에 학교를 그만두었다. 사실 무엇보다 수업시간에 지적을 자주 받고 학교 생활에 흥미가 없었던 것이 큰 요인이었다.

지연이와의 관계를 형성하는 데는 시간이 많이 걸렸다. 센터 상담실로 불러 점심을 같이 먹기도 하고 속내를 다 표현할 때까지 필자가 할 수 있는 것은 이 친구 이야기를 들어주고 공감하는 것밖에 없었다.

코칭 6회차에 들어서면서 아이가 놀이치료사가 되고 싶어한다는 사실을 알게 되었고, 어렵게 놀이치료사 A와의 만남을 주선했다. 놀이치료사 A를 만나기 전 지연이는 그에게 할 질문을 준비했다.

① 어렸을 때부터 꿈이 놀이치료사였나요?

② 놀이치료사라는 꿈을 갖게 된 계기는 무엇인가요?

③ 놀이치료사가 되기 위해 학생 때 특별히 노력하신 것이 있나요?

④ 놀이치료사에게 필요하다고 생각되는 성격이나 자질에는 무엇이 있나요?

⑤ 놀이치료사가 되려면 평균 몇 년 정도 공부를 해야 하나요?

⑥ 놀이치료사는 미래 유망 직업이라고 생각하시나요? 왜?

⑦ 놀이치료사는 평생 직종으로 괜찮은 직업이라고 생각하나요? 왜?

⑧ 놀이치료사에 관련된 학과에는 어떤 학과들이 있나요?

⑨ 놀이치료사가 되기 위해서는 어떤 자격증을 따야 하나요?

⑩ 현재 어떤 자격증을 가지고 계신가요?

⑪ 지금까지의 놀이치료 중에 가장 기억에 남는 사례가 있나요? 무엇인가요?

⑫ 보통 한 아이를 놀이치료 하려면 시간이 얼마나 걸리나요?

⑬ 놀이치료사가 되려면 이수 과목들이 있던데, 어떤 이수 과목들이 있나요?

⑭ 이런 이수 과목들은 대학원에서 이수 가능한가요?

⑮ 놀이치료에 대한 자신만의 노하우가 있나요?

⑯ 놀이치료사의 평균 수입은 어느 정도인가요?

⑰ 놀이치료사를 하면서 어떨 때 가장 보람을 느끼시나요?

⑱ 놀이치료사는 취업이 잘되는 편인가요?

⑲ 놀이치료사도 상담을 배우나요?

⑳ 놀이치료사의 장점과 단점을 말씀해주세요.

직업군의 멘토를 만나기 전 사전 질문 리스트를 작성하는 것이 중요한데, 그 이유는 그 만남의 주체가 아이여야 하기 때문이다. 진로코칭은 아이에게 자신에게 맞는 직업을 찾아주고 미래의 청사진을 그려나가게 하는 것도 중요하지만 아이가 주체가 되어 주도성을 발휘하게 하는 것이 더욱 더 중요하다. 멘토나 코치가 아이와 평생을 함께할 수는 없기 때문이다.

놀이치료사가 지연이가 준비한 질문에 성심을 다해 대답해주면서 지연이는 "아, 나도 할 수 있겠구나!"라는 생각을 하게 되었고 막연했던 진로에 대해 감을 잡을 수 있는 시간이 되었다고 했다. 멘토가 된 놀이치료사는 지연이에게 놀이치료사라는 직업이 갖는 의미는 놀이를 통해 그 아이들의 꿈이 자라날 수 있도록 장애물을 없애주는 것이라고 했다.

놀이치료사 A는 자신이 그 직업을 갖게 된 동기를 설명해주었다. A는 고등학교 3학년이 되어서도 자신이 왜 공부를 해야 하는지, 그리고 대학은 꼭 가야 하는지에 대해 심각하게 고민했고, 결국 의미가 없다고 판단하고 학교를 그만두었다. 3년간 아르바이트를 하며 방황하다가 우연히 교회에서 운영하는 지역아동센터에서 자원봉사를 하면서 자신의 꿈을 발견했다. 22살 때 지역아동센터에서 주 1회 센터 청소와 행정 업무 봉사를 하면서 자연스럽게 아이들과 만나 많은 이야기를 하게 된 것이 자신의 꿈을 발견하게 된 계기가 되었던 것이다.

센터에는 말썽을 피우는 초등학교 5학년 학생이 있었는데, 이 학생 때문에 센터장과 선생들이 매우 골치 아파했다고 한다. 마침 교회에서 한 선생님이 아이의 정서 상태를 보고 돕고 싶다고 하여 아이와 주 1회

정기적으로 상담을 하기 위해 방문했다. 그런데 상담을 하고 나오는 선생님 손에는 늘 고무 찰흙과 인형 등이 들려 있었다고 한다. 그래서 A는 '무슨 상담이 고무 찰흙과 인형이 필요할까?'라는 호기심을 갖게 되었고, 알고 보니 그분은 놀이치료를 통해 아이와 상담하는 분이었다는 것이다. '세상에 이런 직업도 있었나?' 하는 A의 호기심이 바로 놀이치료사에 대한 관심을 갖게 만들었다. '만약 내게도 저런 분처럼 내 이야기를 들어주고 공감해주는 사람이 있었더라면 어땠을까?' 하는 자문이 놀이치료사를 직업으로 삼게 만들었고, 25살이라는 늦은 나이에 대학에 입학을 하게 되었다.

A는 마지막으로 지연이에게 '무엇을 해야 할지 정말 모르겠거든 자신의 삶 속에서 가장 의미 있었던 사건을 되돌려봐라. 그 속에 어쩌면 꿈을 발견할 수 있는 실마리가 있을 수 있기 때문이다'라고 말했다.

발명가 유형의 아이에게는 직업을 갖더라도 의미를 발견하도록 돕는 것이 진로 발견에 도움이 된다. 그래서인지 지연이에게 이 만남은 아주 큰 의미가 있었던 것 같다. 지연이는 놀이치료사 A를 만나면서 호기심을 극대화시켰고, 자신이 정말 이 직업이 잘 맞을지 탐색했다. 의미 있는 일을 하면서도 조직에 얽매이지 않아도 된다는 점에 끌렸던 것 같다. 무엇보다 자신이 학교를 그만두면서 가졌던 감정, 생각을 돌이켜보는 계기가 되었고, 앞으로 누구를 위해 살 것인지에 대해 고민했다. 그렇게 코칭이 끝나고 난 뒤 지연이는 검정고시를 패스하더니 2년 동안 수능 준비를 했고, 그 결과 아동복지학과에 입학했다.

Chapter 05

같은 학교 출신 선배와의
만남을 주선하라

일산에 사는 고등학교 1학년 예찬이를 코칭할 때의 일이다.
초등학교 4학년 시절 축구를 잘했던 예찬이는 매우 활동적인 아이였
다. 그러나 예찬이가 축구 시합을 하던 중 크게 다친 뒤로 예찬이 아버
지는 다치면 안 된다며 축구를 그만두게 했다. 사춘기가 되면서 예찬이
는 말수가 적어지고 부모님과의 관계도 좋지 않았다. 질문을 하면 대답
도 잘 하지 않고, 공부는 하는데 성적이 오르지 않는 아이를 걱정하던
어머니가 진로코칭을 신청한 것이다.

"네게 무한한 시간과 돈이 주어지면 무엇을 하고 싶니?"라고 묻자 예
찬이는 "전 그냥 평범하게 살고 싶어요."라고 답했다. "그래? 그게 뭔
데?"라고 묻자 "회사원이요."라고 대답하였다. "그래 평범하게 사는 것
도 쉽지 않지. 그런데 예찬아, 내 느낌에는 네가 무기력하다고 느껴지
는데 맞니?" 그러자 "예? 아 네… 그냥 그렇죠 뭐."라고 대답했다.

이렇게 질문과 답이 반복되는 과정에서 예찬이가 S전자에서 일하는
회사원이 되고 싶어한다는 사실을 알았다. 그 말을 하기까지도 무기력
함이 아이의 얼굴을 가리고 있었다.

필자는 아이와 함께 롤 모델로 삼을 만한 회사원을 만났다. 회사원을 만난 예찬이는 얼마를 벌고 또 어떤 일에 보람을 느끼는지 등 궁금한 것은 모두 물었다. 그런데 집으로 돌아가는 지하철 안에서 예찬이의 얼굴이 밝아 보이지 않았다. 왜 그리 표정이 굳어 있는지 물었더니 "이렇게 공부를 열심히 해서 좋은 대학에 가고 직장에 들어간다 해도 또다시 아침 7시부터 저녁 늦게까지 일을 해야 한다니 우울하네요."라고 말했다. "더욱이 저희 학교에서는 좋은 학교에 들어간 사람도 없는데, 제가 어떻게 좋은 학교에 갈 수 있겠어요? 그냥 그림의 떡인 것 같아요. 그 떡 먹어도 그리 맛도 없을 것 같고요."라고도 했다.

솔직히 예찬이가 이렇게 냉소적인 생각을 가지고 있다는 사실에 놀랐다. 그래서 예찬이의 말을 적극적으로 들었고 공감해주었다. "그래, 맞아. 그렇게 생각할 수 있겠네. 그런데 가장 큰 장애물은 무엇이라고 생각하니?"라고 묻자 예찬이는 "지금 제 성적이요."라고 대답하고는 이어서 "우선 서울에 있는 4년제 대학에 입학하기도 어려울 듯해요. 저희 학교에서는 4년제 대학 진학이 쉽지 않거든요."라고 이야기했다.

그 말에 필자는 '지금 이 순간 가장 필요한 것이 무엇인지' 물었고 예찬이는 '지금 이 성적으로 갈 수 있는 대학이 있는지 먼저 알아봤으면 좋겠다'고 했다. 그래서 예찬이가 정말 가고 싶은 학교가 어디인지 물었더니 예찬이는 연세대학교에 가고 싶다고 했다. 순간 '이건 뭐지?'라는 생각이 들었지만 바로 그 생각을 물리치고 예찬이를 지지해주었다. 필자는 '지금도 늦지 않았다, 같이 방법을 찾아보자'고 말했다. 그렇게 예찬이와 헤어진 뒤 예찬이 어머니와 상담을 했다.

아이의 작은 성취감과 효능감 높여주기

필자는 어머니에게 혹시 예찬이 학교 선배 중에 고등학교 1학년 때는 성적이 좋지 않았지만 서울대 혹은 연세대에 간 학생이 있는지 학교 선생님께 물어봐달라고 했다. 예찬이에게는 작은 성취감과 효능감이 필요한 상황이니 어머니와 학교 선생님이 도와주면 좋겠다고 했다. 어머니가 학교 선생님에게 이야기했더니 선생님은 3년 전 그런 학생이 있었다면서 그 학생의 연락처를 알려주었다. 다행히 소개받은 그 선배는 대학에 다니고 있었고, 2달 후 군입대를 앞두고 있었다.

고등학교 1학년 때 내신 7등급이었던 그 선배는 고등학교 3학년이 되면서 내신 1등급으로 올라섰고 현재 서울대학교 토목공학과에 다니고 있었다. 서울대 학생회관 식당에서 함께 식사를 하면서 그 선배는 예찬이에게 많은 이야기를 해주었다. 고등학교 1학년 올라갈 때 반편성고사를 본 결과 자신의 성적은 A반부터 D반 중 D반이었다고 했다.

그 선배는 『수학의 정석』은 보지도 않았고, 고등학교 입학 전에 남들은 다 한다는 선행학습도 가정 형편상 할 수 없었다고 했다. 고등학교에 들어가 첫 중간고사를 보았는데, 성적이 35명 중 28등이었다고 했다. 그래도 중학교 때는 반에서 6등은 했는데 막상 고등학교에 올라가 보니 잘하는 아이들이 너무 많았다. 그 성적표로는 도저히 어디 명함을 내밀 수 없을 것 같았고, 이러다가 아무것도 할 수 없을 것 같다는 생각에 많이 힘들었다고 했다.

같은 반 친구 중에 전교 1등 하는 친구가 있었는데, 하루는 그 친구에게 어떻게 하면 공부를 잘할 수 있냐고 물었다. 그런데 친구의 대답은 '그냥 열심히 하면 돼'였다. 끈질기게 매점에서 햄버거를 사다 주기도

하고 음료수도 많이 사줬다고 한다. 그러자 그 전교 1등 하는 친구가 어느 날 학교 끝나고 운동장 벤치에서 보자고 했고, 그 자리에서 하얀 봉투를 주었다고 한다.

전교 1등이 자리를 떠나고 나서 봉투를 열어보니 그 봉투 안에는 A4 용지 2장이 들어 있었다. 순간 '이것으로 뭘 하라는 이야기야?'라는 생각과 함께 짜증이 났다. 다음날 친구를 찾아가 이 종이로 뭘 하라는 건지 모르겠다고 하자 전교 1등 친구는 이제부터 매일 학교 끝나고 이 종이 2장에 그날 배웠던 모든 것을 적어보라고 했다. 기억 나지 않는 것은 빨간펜으로 적고, 이해되지 않는 것은 반드시 다음 날 선생님께 묻든지 학원에 가서 묻든지 하라고도 했다. 그 선배는 전교 1등 친구의 말을 그대로 실천했고 2학년 때부터 성적이 오르기 시작하더니 3학년 때는 전교 2등까지 하게 되었다고 했다.

선배는 서울대에 가고 싶었고, 고3이 되어 진학 상담할 때 서울대를 쓰겠다고 하니 담임선생님은 만류하셨다고 했다. 그뿐 아니라 다른 과목 선생님들까지 무리수라고 하면서 다른 학교를 쓰라고 권유했다. 그러나 선배에게 다른 학교는 눈에 들어오지 않았기에 수시 전략을 세우고 논술 고사를 준비했다. 그동안 자신이 공부해온 방식이 논술 방향과 밀접했기 때문에 그렇게 어렵지는 않았다. 무엇보다 수능이 끝난 뒤 다른 학생들은 고3 기말고사를 포기했으나 그 선배는 꾸준히 공부한 결과 이과 계열 전교 1등으로 졸업할 수 있었다. 그렇게 해서 결국 자신이 원하는 학교에 진학했고 학교 선생님들 사이에서 유명세를 타게 되었다고 했다.

이야기를 듣는 예찬이의 눈빛은 평소와는 매우 달라 보였다. 필자 역시 함께 이야기를 들으면서 '와! 이런 학생도 있구나'라며 감탄하지 않을 수 없었다.

그 선배는 예찬이에게 '학교가 좋은 학군이 아니라서 대학에 못 간다는 것은 핑계라고 생각한다. 어떻게 보면 넌 서울 4년제 대학에 갈 수 없다고 스스로 결정한 것 같고, 그게 네 생각의 장애물이 아닌가 하는 생각이 든다'고 말했다. 즉 마음먹으면 충분히 할 수 있다는 이야기를 한 것이다. 그러면서 포기하지 말고 지금부터 해도 늦지 않으니 열심히 하라고 격려했다. 자신도 내신 7등급에서 시작했는데 예찬이는 자신보다 그래도 낫다면서 말이다. 그렇게 2시간 동안 만남을 뒤로하고 서울대 캠퍼스를 걸어 나오면서 예찬이와 많은 이야기를 나눴다.

'나에게는 과연 하고자 하는 의지가 있을까? 나에게는 과연 성적을 올리려는 열정이 있을까?'라고 말하는 예찬이에게 필자는 '충분히 할 수 있고, 단지 스스로 훈련되지 않았을 뿐'이라고 이야기해주었다.

며칠 뒤 예찬이 어머니에게서 전화가 왔다. 아이가 그동안 몰래 하던 게임도 안 하는 것 같고, 사귀던 여자친구와도 헤어진 것 같다고 했다. 무슨 일인지 몰라도 아이가 정말 공부를 하는 것 같다고 하면서 고맙다고 했다.

무엇이 예찬이에게 가장 큰 동기가 되었던 것일까? 보통 아이들은 자신의 성적이 오르지 않는 이유를 환경 탓으로 돌리는 경우가 많다. 엄마 때문에 혹은 학교가 지방이라서 등 이유 아닌 이유들을 댄다.

그렇다고 이런 아이들의 생각이 잘못되었다고 꾸짖을 필요도 없다. 중요한 것은 아이가 어리기 때문이고, 이런 생각을 하는 것은 자연스러운 것이다.

궁극적으로 제일 좋은 것은 삶의 의지와 열정을 가지고 자신의 삶을 개척해나간 사람들을 아이의 삶의 울타리 안에 들어오도록 만들어주는 것이다. 왜냐하면 앞서 말했듯이 사람은 만남을 통해 생각의 변화가 일어나기 때문이다. 예찬이는 학교 선배의 어떤 점에 영감을 받았을까? 그것은 성적을 올리고 싶었던 선배의 진짜 열정과 의지 때문이었다. 따라서 부모는 아이의 삶의 주변에 의지와 열정을 가지고 살아가는 친구나 선배 혹은 선생님이 누가 있는지 유심히 관찰해보아야 한다.

현재 예찬이는 고3이 되었고, 자신이 원하는 연세대학교 진학을 목표로 학업에 열중하고 있다.

Chapter 06

대학 탐방 활동도
창의적으로 하자

진로 발견을 효과적으로 하기 위해서는 아이에게 진학에 대해 충분히 이해시켜야 한다. 진로교육에서는 이 부분을 보통 '교육 세계의 이해'라고 하는데, 학년 전환기인 초등학교 6학년, 중학교 3학년, 고등학교 3학년 학생들에게는 특히 필요한 부분이다.

대학의 학과 정보와 입학 정보 등 관련 정보를 알아보는 것은 아이의 진로를 발견하고 준비하는 과정에서 매우 중요한 일이다. 따라서 필자는 학생들을 지도할 때 창의적인 대학 탐방 활동을 시도한다.

보통 대학 탐방 활동을 시도할 때 학생들을 데리고 대학 캠퍼스를 둘러보게 하는 경우가 많다. 그런데 창의적인 대학 탐방 활동의 경우에는 출발하는 지점에서 학생들에게 사전방문계획서를 작성하도록 한 뒤에 탐방을 진행한다. 몇몇 학생들은 자신이 왜 대학 캠퍼스에 가는지조차 알지 못한 상태로 친구가 가니까 따라가는 경우도 많다. 그래서 필자는 가족과 함께 대학 캠퍼스를 방문할 것을 강력히 권한다.

대학 탐방의 첫 번째 목적은 무엇보다 자신의 미래를 충분히 상상해보고 자신이 대학 입학을 위해 무엇을 준비해야 하는지 구체적인 로드

맵을 그리는 데 있다. 두 번째는 자녀의 주도성을 기르기 위함이다. 활동의 주체는 학생이므로 아이 스스로 계획을 세울 수 있도록 부모가 옆에서 도와주는 것이 현명하다. 세 번째는 실제 가고 싶은 학교의 입학처와 학과를 방문해 진학 정보를 얻기 위함이다. 모든 학교의 입학처는 학생들이 오면 친절하게 대학 안내를 해주게 되어 있기 때문에 진학 정보를 얻기 위해서라도 적극 활용할 것을 권한다. 특히 학과 방문 시 사전에 해당 학과 조교에게 학과 소개를 받고 싶다고 이야기하고 약속을 잡으면 과 대표를 통해 학과 소개를 받을 수 있을 뿐만 아니라 캠퍼스 투어까지 함께할 수 있다.

초·중학생의 경우에는 가족과 함께 대학 캠퍼스를 방문하는 것이 좋다. 대학 캠퍼스에 방문하기 전에 캠퍼스 지도를 프린트하고 예산을 세운 후 움직일 것을 권한다. 예산은 서울 시내 대학으로 목적지를 정하고 오전 10시에 출발한다고 가정했을 때, 점심식사 비용을 포함해 4인 가족 기준 5만 원 정도면 적당하다.

함께 간 부모에게는 자녀를 관찰하고 관찰일지를 쓰도록 했다. 자녀에게 지시하거나 지도하기보다는 지켜보고 의견을 따라가도록 했다. 대학 탐방 활동의 성공 기준은 계획대로 행동하기, 시간 엄수, 미션 수행, 질서, 협동심 등이다.

그동안 대학 탐방 활동을 하면서 부모들은 다음과 같은 피드백을 주었다.

대학에 가야 하는 동기부여가 충분히 된 것 같다.
막연하게 좋은 대학에 가는 것이 아니라 아이들이 스스로 선택하기를 기다려주는 것이 좋은 교육이라는 것을 깨달았다.

아이에게 돈 쓰는 개념이 없다는 것을 알게 되었다.

이처럼 창의적인 대학 탐방 활동은 자녀가 주축이 되어 활동 계획을 세우고 실천할 수 있도록 하는 데 목적을 둘 수 있으며, 실제 그 효과는 자녀뿐만 아니라 부모에게도 많은 도움이 된다.

따라서 단순히 건물을 둘러보고, 마치 관광 명소를 둘러보듯 대학 탐방을 하기보다는 최대한 계획을 세우고, 약속을 잡고 출발할 것을 권한다. 그리고 부모가 지시하고 지도하기보다 옆에서 지켜볼 때 자녀들은 자기주도적 진로 설계의 첫발을 내딛을 수 있을 것이다.

진로의 날!
학부모 직업군 멘토를 적극 활용하라

모든 학교에는 학교운영위원회를 두게 되어 있고, 여기에 학부모운영위원회가 속해 있다. 학부모운영위원회는 학생들의 올바른 수업 참여와 교육의 효과 및 학교 운영의 효과성을 목적으로 조직되었다. 보통은 전교 학생 회장단의 학부모들이 운영위원회에 참여하기도 한다. 진로교육의 효과를 극대화하기 위해서는 학부모운영위원회 참여가 매우 중요하다.

실제로 전국 학교 진학률을 놓고 보면 학부모운영위원회와 학교 간에 소통이 긴밀하게 잘되는 학교일수록 진학률이 높다는 연구결과까지 나와 있다. 중학교, 고등학교에서 진로교육을 제대로 하길 원한다면 학부모운영위원회 안에 학부모 직업군 멘토위원회를 둘 것을 제안한다. 경기도 A고등학교의 경우에는 학부모 직업군 멘토위원회를 설치했고 학교 진로진학 상담선생님과 학부모 직업군 멘토위원회가 협력하여 학교 진로의 날에 학생들의 진로교육을 돕고 있다.

학생들이 가장 만나고 싶은 직업군들을 조사해보면 어느 학교나 직업의 개수가 60개 이상을 넘지 않는다. 그렇다면 이 아이들에게 직업군

별 멘토를 만나게 해줄 수 있는 방법은 무엇일까? 가장 쉬운 방법은 학부모들의 직업을 조사하여 직업군 리스트를 만드는 것이다. 그래서 학교 진로의 날 학부모 직업군 멘토들에게 강의를 부탁하는 것이다. 모든 교실에 직업군 멘토들의 수업을 각각 배정하고, 학생들은 자신이 만나고 싶은 직업군 멘토의 강의에 수강 신청을 하고 이동식 수업을 받으면 된다.

이렇게 하기 위해서는 교장 선생님의 마인드도 중요하겠지만 학부모들이 진로교육의 방향과 활용에 대해 충분히 고민해보는 것이 더 중요하다. 이제는 교육이 학교 안에서만 이루어지는 것이 아니라 학교 안팎에서 변화를 통해 이루어질 수 있다는 것을 기억하고 학교 안에서 진로 학습 공동체를 만들어가는 데 부모와 교사가 한 알의 밀알이 되면 좋겠다. 이런 작은 운동이 시작된다면 그 누구보다 행복해할 사람은 바로 우리 아이라는 것을 잊지 말자.

책임감을 길러주자

어떤 부모는 책임감은 타고나는 것이라고 생각하지만, 책임감은 저절로 생기는 것이 아니라 훈련을 통해 길러야 하는 것이다. 배우고 계발해야 하는 성품인 것이다. 따라서 가족 안에서 책임감을 기를 수 있는 기회를 주는 것이 중요하다. '참여 없는 헌신과 책임감은 없다'는 말이 있다. 예를 들어 가족 행사를 할 때 자녀에게 역할을 준다든지 가족 여행을 갈 때 기획서를 아이 스스로 작성하게 한다든지 해서 책임을 지도록 해본다. 본인 임의대로 결정하는 것도 있고, 또 부모에게 물어보고 결정하는 것도 있을 것이다. 이런 과정을 통해 자녀는 책임감을 갖게 된다. 물론 임무를 잘 완수했을 경우에는 아낌없이 칭찬을 해주어야 한다. "엄마 도와줘서 참 고마워. 이제 어른 다 됐네. 나중에 더 큰 것도 부탁해야겠다." 같은 피드백을 해주면 아이는 스스로 대단하다고 여기고 성취감을 맛보게 된다.

이런 작은 성취감이 모여 미래를 보는 자신감으로 연결된다. 평소 이런 책임감을 기르고 가족 안에서 배려하는 태도를 기르는 것도 진로교육시 매우 중요하다는 것을 잊지 말자. 최근에는 자녀가 공부한다고 하면 가족 일에서는 배제시키는 경우가 많은데, 이렇게 되면 자녀는 나중에 커서도 집안 일이나 가족 일에 무관심해질 확률이 높다. 또 자신만 아는 이기적인 사람이 되고 말 것이다.

PART 06

진로계획!
부모와
자녀의 꿈을
표현하라!

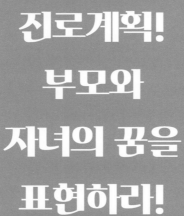

Chapter 01

계획을 세우기 전 합리적인
진로 의사 결정을 먼저 하라

자녀와 함께 진로에 대한 고민을 하다 보면 의견이 맞지 않아 갈등을 겪을 때가 있다. 이런 순간에 부모는 아이를 어떻게 지도해야 할지 몰라 답답해 하기도 하고 때로는 아이를 설득하다가 어려움에 빠져 전문가를 찾기도 한다.

이때 부모는 진로 의사를 결정하는 몇 가지 유형에 대해 이해하고 있어야 한다. 의사 결정을 할 때 아이들의 유형은 대개 합리적 유형과 직관적 유형 그리고 의존적 유형으로 나뉜다.

먼저 합리적 유형은 자기 자신에 대한 과거 자료를 수집하고 분석한 뒤 진로를 결정한다. 성격, 흥미, 강점, 직업 가치관 검사 등을 통해 자신의 특징을 충분히 파악한 뒤 구체적인 직업 목록을 만들고 직업을 결정한다. 그래서 이들의 직업 선택 기준은 현실성, 정의, 보수 등과 같이 구체적이며, 좋아하는 것보다 잘할 수 있는 것을 직업으로 선택하는 경향이 있다.

반면 직관적 유형은 자기 자신에 대한 과거 자료를 수집하기보다는 직관을 주로 사용하여 자신이 좋아하는 것을 잘할 수 있는 것이라고 오해하고 직업을 결정한다. 예를 들어 유럽 여행을 다니다가 파리의 에펠

탑을 보고 경탄을 금치 못한 소년이 있다고 가정해보자. 이 소년은 한국에 돌아와 자신이 제2의 에펠탑을 세워보겠다는 꿈을 꾸기 시작한다. 정작 자신에게 건축가가 될 수 있는 능력이 있는지 없는지 파악하지 못한 채 말이다. 이들의 직업 선택 기준은 삶의 의미, 직관을 활용해 느낌이 좋은 것, 좋아하는 것을 직업으로 선택하는 경향이 있다.

의존적 유형은 합리적 유형 및 직관적 유형과 달리 자신의 진로를 결정할 때 다른 사람의 이야기를 듣고 결정하는 경향이 있다. 예를 들어 물건을 하나 사더라도 자신이 잘 샀는지 확인하고 싶어서 부모나 주변 친구들에게 묻고 사는 사람이 있다. 이들은 자신의 결정에 확신이 서지 않기 때문에 주변 사람들이 어떻게 이야기하느냐에 따라 영향을 많이 받는다.

이렇게 아이의 진로 의사 결정 유형을 제대로 파악했다면, 그 다음으로 부모에게 필요한 것은 바로 제3의 대안을 가지고 진로 문제를 해결해나가겠다는 믿음이다. 제3의 대안은 어느 누구 한 사람만 만족하는 것이 아니라 모두에게 좋은 것을 선택하는 것이다.

부모와 아이의 진로에 대한 이견 좁히는 법

오래전 D외고에서 만났던 정이수라는 여학생은 어떤 직업을 선택할지를 놓고 고민하고 있었다. 한번은 필자가 수업을 모두 마치고 집에 가려고 하는데, 이수가 교실 한쪽에서 울고 있었다. 울고 있는 아이를 외면할 수가 없어서 교실 한 귀퉁이에 앉아 이야기를 들어보았다. 자신은 이제 고등학교 2학년이라 직업 선택을 해야 하는데, 엄마는 외고까지 간 마당에 변호사가 되었으면 좋겠다고 하고, 이수는 엄마처럼 초등학교 선생님이 되고 싶다고 했다. 이견이 좁혀지지 않은 상태에서 갈등만 3개월째 계속되고 있다고 했다. 그래서 이수에게 변호사가 구체적으로 어떤 일을 하는지 알고 있냐고 묻자 이수는 조금밖에 모른다고 했다. 그래서 그 '조금'이 얼만큼인지 숫자로 말해보라고 하자 10점 만점에 3점이라고 했다.

초등학교 선생님에 대해서는 얼마나 아느냐고 묻자 4점이라고 했다. 그러면 좋은 결정을 위해 10점 만점에 몇 점 정도를 알면 좋겠냐고 물으니 이수는 9점이 되면 결정하는 데 도움이 될 것 같다고 했다. 그렇다면 9점이 되기 위해 해볼 수 있는 것은 무엇인지 물었다. 그리고 엄마도 좋고 이수도 좋으려면 어떻게 해야 할지 물었다. 그러자 이수는 다음 주 금요일이 개교 기념일이니 그날 교대역에 가서 정보를 알아보고 싶다고 했다. 교대역에는 법원과 서울교대가 다 있다고 하면서 엄마와 같이 법원에 가보고 싶다고 했다. 법원에 가서 방청권을 끊어 재판 광경을 엿보는 한편, 엄마의 도움을 받아 신임 초등학교 선생님을 만나 직업에 대한 정보를 알아보고 싶다고 했다. 필자는 좋은 생각이라고 격려해주었고, 2주 뒤 이수를 다시 만났다.

어머니의 도움을 받아 신임 초등학교 선생님을 만난 자리에서 이수는 초등학교 교사로서 의미와 보람은 무엇인지, 그리고 어떤 어려움들이 있는지 등 준비해간 질문들을 했다. 또한 부모님의 도움을 받아 법원 재판 방청권을 얻어 변호사의 활약을 눈으로 보았고 재판이 끝난 후 변호사에게 변호사가 되려면 무엇이 필요한지, 그리고 언제 보람을 느끼는지 등의 질문을 했다.

그런데 이수는 두 분야의 사람들을 모두 만나고 왔지만 뭔가 채워지지 않는 2%가 있다고 했다. 그래서 필자는 이수에게 변호사가 된 다음에는 궁극적으로 무엇을 하고 싶은지, 그리고 초등학교 선생님이 된 다음에는 무엇을 하고 싶은지 물었다. 이 질문에 대해 생각해보고 또다시 2주 후에 만나자고 하였다.

2주 뒤에 만난 이수는 이 땅의 모든 아이들이 교육의 균등한 기회를 가질 수 있도록 돕는 정이수장학재단을 설립하고 싶다고 했다. 필자는 그 꿈을 이루기 위해 어떤 직업을 선택하고 싶은지 물었다. 그러자 이수는 변호사가 되고 싶다고 했다.

변호사가 되어 대학에서 학생들도 가르치고 싶고 궁극적으로 장학재단을 설립해 아이들에게 꿈과 희망을 주는 사람이 되고 싶다고 했다. 필자가 엄마도 좋고 이수에게도 좋은 결정이냐고 되묻자 이수는 그렇다고 대답했다. 1년 6개월 동안 이수는 법대라는 목표를 가지게 되었고, 결국 자신이 원하는 고려대학교 법학과에 입학했다. 필자와 이수가 나눈 대화를 살펴보면 의사 결정 5단계에 따라 이야기를 주고받았다는 것을 알 수 있을 것이다.

이수의 의사 결정 5단계는 다음과 같았다.

단계	정이수의 사례
1단계 문제 파악	엄마와 진로 갈등 문제가 있음 엄마는 변호사, 이수는 초등학교 선생님
2단계 대안 탐색	1. 변호사라는 직업에 대해 구체적으로 먼저 알아보기 2. 초등학교 선생님이라는 직업에 대해 구체적으로 알아보기 3. 엄마의 도움 받기 4. 법원 재판 방청권 신청

3단계 **기준 확인**	1. 엄마도 좋고 이수도 좋은 방법 2. 직업을 가진 뒤 궁극적으로 무엇을 할 것인지 기준 세우기
4단계 **대안 평가 및 결정**	1. 변호사라는 직업에 대해 구체적으로 알아보기 2. 초등학교 선생님이라는 직업에 대해 구체적으로 알아보기 3. 엄마의 도움을 받아서 법원 재판 방청권 신청 4. 변호사가 되어 사회적 활동을 하고 이수장학재단을 설립하여 교육의 균등한 기회를 제공하는 사람이 되기
5단계 **계획 수립 및 실행**	1. 엄마와 함께 대학 학과를 결정하고 입시 전형과 관련하여 반영 과목 및 가산점 취득 방법은 무엇이 있는지 학과 탐색을 해본다. 2. 자신에게 부족한 과목은 현재 무엇인지 알아보고 공부 방법을 바꿔본다.

부모는 아이와 진로 의사 결정을 할 때 갈등이 유발되면 위의 5가지 단계를 아이와 함께 생각해보고 대안을 탐색해보길 바란다. 이때 유념해야 할 것은 의사 결정의 기준을 함께 세우는 과정이 꼭 필요하다는 것이다.

이수에게는 어떤 직업을 갖는 것이 중요한 것이 아니라 궁극적으로 이수장학재단 설립이 목적이었다. 그리고 엄마도 좋고 이수도 좋은 것이 선택의 기준이 되었다. 보통 갈등이 유발되는 가장 큰 이유는 서로가 생각하는 기준이 다르기 때문인데, 이럴 때는 아이에게 강요하거나 설득할 것이 아니라 아이가 생각하는 직업 선택의 최종 기준이 무엇인지 확인하고 서로가 만족할 만한 의사 결정을 하도록 해야 한다.

Chapter 02

문서화된 약속으로
진로를 계획하라

아이와 약속을 했음에도 불구하고 아이가 그 약속을 지키지 않아 화가 났던 적이 있을 것이다. 매번 약속을 받아내지만 작심삼일로 끝나는 경우가 많다 보니 부모는 기분이 좋지 않다. 부모의 바람은 아이가 말한 대로 행동으로 옮겨주는 것이다.

그것은 시간 관리, 벼락치기 하지 않기, 휴대폰 절제하기, 게임 그만하기 등이다. 아이들도 이런 것들이 자신의 꿈을 이루는 데 도움이 되지 않는다는 것을 잘 알고 있다. 그럼에도 불구하고 아이들이 스스로 이런 행동을 그만두지 못하는 이유는 무엇일까?

습관 때문이다. 보통 습관은 한번 형성되면 쉽게 바꾸기 어렵다. "세 살 버릇 여든까지 간다"는 말도 있지 않은가! 담배 피우는 어른들도 담배가 몸에 좋지 않다는 것은 알지만 건강에 이상이 있다는 적신호가 나타나지 않는 이상 쉽게 끊지 못한다. 그래서 가족의 도움이 절실히 필요하다.

다음 〈가〉그림을 보면 알 수 있듯이 구슬 하나를 앞으로 밀면 이 구슬은 중력의 법칙 때문에 바깥으로 나가지 못하고 웅덩이 한중간으로

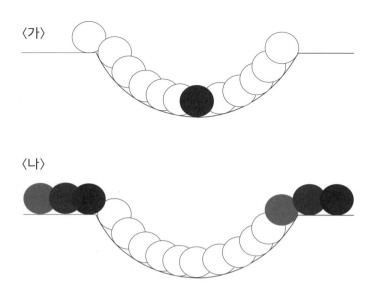

〈가〉

〈나〉

되돌아온다. 그러나 〈나〉그림을 보면 이야기가 다르다. 똑같이 중력의 법칙이 작용하지만 맨 앞에 있는 구슬은 결국 웅덩이를 벗어나게 되어 있다. 무엇 때문일까? 바로 '더불어 함께'하는 힘 때문이다. 한 개인의 습관은 바꾸기 쉽지 않으나 습관을 바꾸려는 노력을 모든 사람이 인식하고 함께할 때 습관에는 변화가 생긴다.

자녀교육도 마찬가지다. 많은 아이들이 변호사, 의사, CEO, 연예인, 축구 선수가 되겠다고 이야기하지만 정작 생활습관이 바뀌지 않아 꿈을 이루지 못하는 경우가 매우 많다. 그래서 아이의 진로를 실현할 수 있도록 돕기 위해서는 가족의 습관이 무엇보다 중요하다.

이것을 흔히 '가족 문화'라고 하는데, 가족 문화가 형성되지 않은 가족에게는 우선 부모와 자녀 간의 약속을 문서화할 것을 권한다.

해야 할 것	가족의 약속 [서로에게 바라는 것]	언제 실천할까 (7일 내) 예) 매일 아침 7시	어떻게 확인할까 예) 달력 표시	약속을 지키면 예) 책 사주기
1				
2				
3				

〈표 : 가족의 약속 표〉

　서로에게 바라는 점을 함께 충분히 소통하고 난 뒤 '가족의 약속' 표를 작성해 집안 잘 보이는 곳에 붙여두는 것이 좋다. 왜냐하면 자주 잊어버리기 때문이다. 중요한 것은 부모가 자녀와 약속한 것이 있다면 부모가 먼저 지키는 모습을 보여주어야 한다는 것이다. 이때 자녀가 잘 따라오지 못하더라도 재촉하지 말고 기다려줘야 한다.

　이는 마치 등산의 원리와 같다. 아버지와 아들이 함께 지리산을 등반한다고 가정해보자. 오랫동안 등반을 해온 아버지는 익숙하게 산을 오르지만 이제 중학생이 된 아들은 아버지의 속도에 맞춰 산을 오르기가 힘들다. 어느덧 아버지는 정상에 다 올라왔다. 그런데 아래를 내려다보니 아들은 산 중턱에 앉아 쉬고 있다. 이때 이를 보다 못한 아버지가 '빨리 안 올라오고 뭐하고 있냐?'는 식으로 핀잔을 준다면 아들의 기분은 어떨까?

진로교육도 마찬가지다. 자기 이해→직업 세계 이해→교육 세계 이해→진로 의사 결정→진로 계획의 단계에 이르기까지 각 단계의 교육을 통해 아이들은 끊임없이 동기를 부여받는다. 하지만 생활습관의 변화를 시도하지 않으면 아이는 교육 매너리즘에 빠질 수밖에 없다. 따라서 부모는 자녀와 약속한 것은 반드시 문서화해 주기적으로 올바른 피드백을 주고받아 건강한 가족 문화를 만들기 위해 노력해야 한다.

사명서를 작성하고
행동하도록 도우라

　　사실 사명서(事命書)는 청소년 리더십뿐만 아니라 아이들 학습코칭에도 자주 등장하는 도구다. 그만큼 사명서에 대한 이야기는 많이, 자주 해도 나쁘지 않고, 잘만 활용하면 교육 효과가 2배로 나타나기도 한다.

　　사명서는 말 그대로 '목숨을 다루는 문서'라는 뜻으로 풀이된다. 자기 인생의 목표와 의미를 표현한 글이라고 말할 수 있다. 또한 자신의 의사를 결정하고 행동을 선택하는 데 지침이 되는 개인 십계명과 같은 역할을 하는 인생의 나침반이다. 아이들 진로교육을 마무리하면서 사명서를 작성하게 하면 아이들에게 동기부여를 해줄 수 있다. 가정에서 사명서를 작성하려면 무엇보다 부모가 먼저 시작해볼 것을 권한다.

　　사명서를 작성하기 위해서는 생각할 시간이 필요한데, 부모가 먼저 다음과 같은 질문에 답변을 하면서 자신의 삶을 돌이켜보길 바란다.

- 무한한 시간과 돈이 주어지면 나는 무엇을 하고 싶은가?
- 나의 꿈을 잊어버렸다고 느낀 순간은 언제인가?
- 나는 죽을때 세상 사람들에게 어떻게 기억되길 원하는가?
- 만약 내가 신문에 꿈을 이룬 사람으로 기사가 났다면 부모님, 친구, 선생님이 각각 뭐라고 이야기해주면 좋겠는가?
- 내가 목숨과도 바꿀 수 있다고 생각할 만큼 소중하게 여기는 것은 무엇인가?
- 죽기 직전 딱 한 권의 책을 쓸 수 있다면 무엇에 관한 책을 쓰고 싶은가?
- 자신이 좋아하고 잘할 수 있는 일 10가지만 적어보라.
- 나의 삶의 롤 모델을 떠올려보자. 그 사람의 어떤 점을 본받고 싶은가?
- 과거의 역사 인물을 만날 수 있다면 누구와 만나 이야기를 나누고 싶은가? 왜 그 사람을 만나고 싶은가?
- 나는 앞으로 누구를 도우며 살고 싶은가?
- 돈, 명예, 권력이 있다면 나는 무엇을 선택할 것이며, 그 이유는 무엇인가?

위의 질문에 충분히 답변했다면 향후 어떤 부모가 되기를 바라는지 생각해보는 시간을 갖고 '나는 ~~부모이다' 형태로 정의를 내려보자. 그런 다음 부모로서 앞으로 자녀교육을 어떻게 할 것인지 적어보자.

"나는 아이의 잠재 능력을 키워주고 기다려주는 꽃이다."

한 중학교에서 학부모 진로아카데미를 진행할 때 한 어머니가 내린 정의다. 이처럼 정의를 내렸다면 이 정의를 표현하는 장면이나 사진을 휴대폰 바탕화면으로 설정한다. 아이가 말을 듣지 않아서 화가 나고 짜증이 날 때 사진을 한번씩 보면 화가 났던 마음이 풀리면서 지혜가 생길 것이다.

지속적으로 이렇게 살기 위해 부모가 해야 할 일은 무엇일까? 그 내용을 다음의 사명서와 같이 적어보자.

사명서

나는 아이의 잠재 능력을 키워주고 기다려주는 꽃이다.

성한이가 자신의 진로를 효과적으로 발견할 수 있도록 돕기 위해 나는 아이의 강점을 관찰하여 표현해주고 지지해준다. 아이가 무엇을 좋아하고 또 무엇에 의미를 두고 있는지 곰곰이 생각해보고 대화를 나누는 엄마가 된다. 이를 위해 나는 진로 관련 서적을 읽고 아이에게 도움이 되는 조언을 할 것이며, 무엇보다 아이의 고민을 함께 나눌 수 있도록, 충분한 대화를 나눌 수 있도록 나를 발전시킨다.

사명서를 작성할 때 중요한 것 3가지는 다음과 같다.

첫째, 현재형으로 작성한다

현재형이란, 현재 상태를 나타내주는 동사를 말한다. 예를 들면 '나는 지금 양평에 간다'와 같은 것은 현재형이지만 '나는 지금 양평에 갈 것이다'라고 한다면 이것은 미래형이 된다. 미래형이라는 말은 지금은 가고 있지 않다는 것이다. 반면 현재형으로 사명서를 작성하면 지금 이 순간에 하고자 하는 의지가 높다는 것으로 해석할 수 있기 때문에 지금도 가고 앞으로도 간다는 뜻이다.

둘째, 부정어를 쓰지 않는다

우리 뇌는 부정어를 인식하지 못한다. 예를 들어 "빨간 고양이를 떠올리지 마세요."라고 외쳐보자. 무엇이 떠오르나? 아마도 빨간 고양이가 떠오를 것이다. 이처럼 '하지 말자' 혹은 '하면 안 된다'라고 되뇌더라도 우리 뇌는 부정어를 있는 그대로 인식하지 못하게 된다. 사명서 역시 마찬가지다. 사명서를 부정어로 쓰게 되면 부정어를 인식하지 못하는 뇌 때문에 오히려 반드시 부정적인 행동을 하게 돼 있다.

셋째, 역할별로 구체적으로 쓴다

삶을 효과적으로 산다는 것은 맡은 바 역할을 균형 있게 하며 산다는 뜻이기도 하다. 이런 삶이 성공적인 삶이지 않을까? 사회적으로 성공했다는 사람들의 삶을 보면 사업가로서는 성공했을지 몰라도 가정적으로는 실패한 사람도 많다. 어느 한 분야에서 명망이 높은 삶이 중요한 것이 아니라 자신에게 주어진 역할을 훌륭히 소화해낼 수 있는 삶이 성공한 삶이라고 할 수 있다. 따라서 사명서를 작성할 때는 자신의 삶 속에서 자신이 맡고 있는 역할별로 어떻게 살 것인지를 생각하고 써야 한다.

사명서 작성이 끝난 뒤에는 반드시 액자화해 자녀의 방 책상 잘 보이는 곳에 부착한다. 그리고 주기적으로 평가하고 보완하여 행동으로 옮길 수 있도록 도와야 한다.

Chapter 04

비전 맵 작업을 통해
가족의 꿈을 그리자

보물을 찾는 사람에게 가장 필요한 도구는 바로 나침반과 지도 그리고 삽이다. 비전 맵은 이 중에서 지도에 해당된다. 자녀 진로 계획을 효과적으로 지도하기 위해서는 비전 맵을 구체적으로 그려야 한다. 자녀와 함께 비전 맵 작업을 하면 좋은 추억을 만들 수 있을 뿐만 아니라 부모는 아이가 생각하는 미래에 대해 알 수가 있다.

비전 맵 작업은 보통 중학생과 고등학생 시절에 하면 도움이 된다. 방법은 다음과 같다.

첫째, 자신의 감정, 생각, 욕구에 대해 깊이 묵상한다

자신의 마음을 들여다보는 연습이 부족한 학생들은 미래에 대해 꿈꾸는 것도 어렵다. 어른이 되어간다는 것은 자신의 욕구, 감정, 생각을 적재적소에 배치시킬 수 있는 능력을 키운다는 것이다. 나이 40살이 되어서 분위기나 감정에 따라 자신의 기분이나 욕구를 아무 데서나 내뿜는 사람이 있다. 자신의 욕구와 감정과 생각에 대해 생각해보는 연습이 부족한 사람이다.

자기가 세웠던 진로 목표를 이룬 사람들의 공통점은 자기 이해가 높다는 것이다. 자기 이해가 높다는 것은 자각의 수준이 높다는 것이며, 이런 사람들은 미래를 창조해나갈 힘이 있다. 무엇이 그때 그런 욕구를 갖게 했는지, 다른 사람에게 화를 냈을 때 자신의 감정은 무엇이었고 무엇이 화를 내게 했는지 등 마음을 살피다 보면 자신에 대한 이해를 바탕으로 미래에 대한 생각도 확장시킬 수 있다.

둘째, 자녀의 강점이 무엇인지 생각해보고 말해준다

사람은 자신의 강점을 통해 자존감이 높아진다. 아이들 역시 마찬가지다. 가족끼리 둘러앉아 일주일 동안 서로를 관찰하면서 알게 된 강점을 이야기해주는 것이 중요한데, 이 강점은 비전 맵을 만들 때 사용하면 도움이 된다.

셋째, 성격 유형별로 세분화한다

비전 맵을 작성할 때는 자녀의 성격 유형을 파악해 작성하는 것도 도움이 된다. 상상형이면서 느낌을 선호하는 자녀에게는 미래의 신문 기사 형태로 작성해볼 것을 추천한다. 미래에 자신의 꿈이 이루어졌다고 가정을 하고 기자가 인터뷰하는 방식으로 작성하는 것이다.

반면 현실적이면서 사고형인 자녀에게는 나이대별로 작성해볼 것을 권한다. 10대, 20대, 30대, 40대, 50대, 60대, 70대별로 자신의 미래를 어떻게 만들어가고 싶은지 구체적으로 작성하는 것이다. 그런 다음 각 나이대별로 자신이 사용하고 싶은 강점을 써넣는다.

넷째, 죽음에 대해 생각해본다

갑자기 죽음에 대해 생각한다고 하니 섬뜩할 것이다. 그러나 사람에게 죽음이란 거부할 수 없는 현실이다. 사람이 살아가면서 가끔 잊어버리고 사는 것 중 하나가 바로 자신이 죽는다는 생각일 것이다. 그러나 우리는 죽음에 대해 건강하면서도 긍정적인 자세를 가질 필요가 있다. 왜냐하면 죽음을 생각할 때 많은 사람들은 두려움 내지 가치 없고 쓸모 없는 상태를 떠올리지만, 죽음에 대해 긍정적인 자세를 가지게 되면 사람은 현재 주어진 시간들을 소중하게 여기고 지혜로운 선택을 하게 되기 때문이다.

시간이란 늘 한정되어 있고, 시작이 있으면 끝이 있기 마련인 것처럼 우리 인생도 마찬가지다. 따라서 자녀들에게 진로코칭을 할 때 제일 좋은 질문 중 하나는 '죽기 전에 반드시 이 땅에 남기고 싶은 유산이 무엇이니?'이다.

Chapter 05

시간 관리 도구를
함께 사용하라

그동안 진로코칭을 하면서 느꼈던 것은 부모와 자녀 간의 갈등에는 유형이 있다는 사실이다. 휴대폰 문제, 인터넷 게임 문제, 성적저하, 진로 갈등 문제 등 어느 집이고 갈등 없는 집은 없다. 그래서 갈등은 해결의 문제가 아니라 관리의 문제라는 것을 알게 되었고, 효과적으로 갈등 관리를 잘한다면 서로의 기대에 부응하면서 갈등 요소도줄일 수 있다는 사실 또한 깨달았다.

갈등을 유발하는 요인에는 여러 가지가 있겠지만 가장 큰 요인 중하나는 서로에 대한 기대 목표가 다르다는 것이다. 부모는 분명 게임을하지 않겠다고 선언하고도 그 약속을 지키지 않는 아들에게 화가 났다. 그런데 알고 보니 부모는 24시간 내내 게임을 안 하는 것으로 인식하고 있었고, 아들은 주말에는 해당사항이 없다고 생각하고 있었던 것이다. 그러다 보니 주말 내내 게임만 하는 아들을 보며 속이 터진다고 하소연하는 부모도 있다. 휴대폰은 안 그런가? 요즘 휴대폰은 기능이 많아서아이들은 밤이고 낮이고, 심지어 잠잘 때도 휴대폰에 빠져 있다. 그러다보니 휴대폰 중독이라고 할 정도로 전자기기에 빠져 있는 아이들을 보며 어떻게 훈육해야 할지 몰라 하는 부모가 많다.

사춘기 전후로 부모가 해야 할 것은 바로 자녀가 시간 관리 도구를 효과적으로 사용할 수 있도록 돕는 것이다.

진로교육에서 시간 관리는 공장의 발전기와 같은 역할을 한다. 꿈이 있다고 할지라도 생활습관을 바꾸지 않으면 꿈을 이루기 어려운 것처럼 꿈과 현실의 거리를 좁힐 수 있도록 돕는 것이 바로 시간 관리다. 그래서 영국의 웹스터 사전에는 시간의 개념을 '과거로부터 현재를 거쳐 미래로 이어져가는 크고 작은 사건들의 연속'이라고 했다. 즉 시간 관리를 잘한다는 것은 크고 작은 사건들을 잘 관리하는 것이다.

아침에 일어나서 밥을 먹고 가방을 챙겨 학교에 가는 사건(event)들을 바로 '사건 관리'라고 하는데, 이 사건 관리를 잘해야지만 시간 관리를 잘할 수 있다.

앞에서 갈등이 유발되는 이유는 바로 서로의 기대 목표가 다르기 때문이라고 했다. 보통 아이들은 자신이 하고 싶은 것과 해야만 하는 일 사이에서 하고 싶은 것을 먼저 하는 경향이 있다. 휴대폰 문제, 인터넷 게임 문제, 숙제 미루기 등은 모두 자신이 하고 싶은 것을 먼저 하는 것으로, 이 경우 부모와 자녀 사이의 갈등은 커질 수밖에 없다. 따라서 부모는 사춘기 전후의 자녀에게 하고 싶은 것 1가지를 하기 위해서는 하기 싫은 것 9가지를 해야 한다는 사실을 시간 관리 도구(플래너)를 통해 가르쳐야 한다.

또한 부모는 몸소 시간 관리를 실천해 중요한 것과 중요하지 않은 것, 급한 것과 급하지 않은 것을 구분하는 모습을 보임으로써 아이가 시간 관리를 통해 자신만의 꿈을 이룰 수 있도록 도와야 한다.

플래너 사용 원리는 다음과 같다.

첫째, 생의 목표 및 의미 발견하기

인생의 목표를 발견한다는 것은 사실 어린 학생들에게는 쉽지 않다. 왜냐하면 살아온 경륜이 짧기 때문이다. 게다가 사람마다 목표를 발견하는 유형들이 다르다. 어떤 학생은 목표를 발견하기 위해 많은 노력을 기울이고 많은 활동을 하지만, 또 어떤 학생은 자신이 현재 하고 있는 일에 의미를 부여하면서 조금씩 목표를 발견한다. 그런데 목표를 발견하는 것보다 중요한 것은 부모가 하루하루 생활 속에서 올바른 태도를 가지고 의미를 발견할 수 있도록 돕는 것이다. 올바른 태도를 가지고 지속적으로 의미를 부여하는 것이 진로교육의 한 축이기 때문이다.

둘째, 인생 로드맵(비전 맵) 세우기

인생 로드맵은 인생의 지도와 같다. 인생 로드맵을 작성하면 시간 관리에도 영향을 미치게 된다. 내 꿈을 이루기 위해 지금 이 순간 제일 먼저 해야 할 것은 무엇인지, 중요한 것과 중요하지 않은 것은 무엇인지 구분하고, 그 중요한 것을 언제까지 할 것인지 밑그림을 그려나가는 연습을 하는 것이 결국 인생을 소중하게 여기는 길이다.

셋째, 연간 목표 설정하기

연간 목표는 크게 3가지만 정하는 것이 좋다. 왜냐하면 목표는 단순할수록 달성하기 쉽기 때문이다. 예를 들어 1년차 목표는 교내 청소년 동아리에 가입해 활동하기, 2년차 목표는 또래 상담 배워서 활용하기,

3년차 목표는 나만의 학습 노하우 만들기라고 정했으면 이에 맞춰 연간 계획을 세울 수 있다.

넷째, 월간 목표 설정하기

연간 계획을 세웠으면 그 다음에는 월간 목표를 구체화하는 것이 중요하다. 예를 들어 연간 목표로 세운 3가지를 달성하기 위해 1월에는 첫째, 학습 능력을 높이기 위해 책 3권 읽기, 둘째, 독서 일기장 준비하기, 셋째, 좋은 책 3권 친구들에게 추천받기라고 계획을 세운다. 이처럼 월별로 세분해 계획을 세울 수 있다.

다섯째, 주간 목표 설정하기

주간 목표는 일주일 동안 구체적으로 무엇을 할 것인지 정하는 것이다. 예를 들어 이번 주에 『효과적인 책 읽기』라는 책을 읽을 계획이라면 '이번 주 월요일, 수요일, 금요일 오후 10시에서 오후 11시 사이에 책을 읽겠다'라는 식으로 주간 목표를 세우는 것이다.

여섯째, 일일 목표 설정

일일 목표는 다음 날 하루의 삶을 온전하게 살 수 있도록 돕는 역할을 한다. 예를 들어 매주 월요일 오후 10시부터 11시 사이에 책을 읽겠다고 했으면, 오늘의 우선순위는 오후 10시부터 11시 사이에 책을 읽는 것이고, 이를 지키기 위해 덜 중요하고 덜 긴급한 것들의 우선순위를 정하는 것이다.

잘못을 가르치되 감정으로 공격하지 말자

"죄는 미워해도 사람은 미워하지 말라"는 말이 있다. 즉 잘못을 다루더라도 잘못을 저지르는 자녀는 언제나 용납하고 사랑하고 존중해야 한다. 현명한 부모는 잘못된 문제를 고칠 수 있게 돕는 데 목표를 둔다. 그러나 지혜롭지 못한 부모는 잘못을 고쳐주려 하다가도 화가 치밀어올라 감정적으로 공격하는 경우가 많다. "너, 또 동생 때렸지? 동생 때리는 너는 아주 나쁜 녀석이야." 같은 메시지가 아이에게 전달되는 경우도 많다. 이런 대화는 아이에게 죄책감을 갖게 한다. 잘못을 알려주면서도 감정적으로 공격하지 않기 위해서는 3초의 여유를 갖고 아이의 이야기를 듣겠다는 자세와 경청의 기술을 익혀야 한다. 따라서 부모는 효과적인 대화 방법을 배울 필요가 있다. 이는 진로교육에서든 학습법에서든 가장 기본적인 과정이다.

PART 07

지속, 열정, 기록의 습관으로 끊임없이 자기관리를 하자

Chapter 01

진로와 학습,
진로와 생활습관의 관계

진로교육에서는 꿈을 이룬 사람을 '진로 실현자'라고 부른다. 아무리 좋은 꿈과 계획이 있다 할지라도 그 꿈을 이루고 실현시키는 사람은 그렇게 많지가 않다. 왜 그럴까? 바로 그 꿈을 이루는 데 필요한 대가를 치르지 않았기 때문이다. 그 대가란 청소년 시절에는 학습과 생활습관이다.

이 2가지 요소는 현재의 대학입시제도에서도 중요하게 다뤄지고 있다. 대학은 인재 선발을 할 때 자기소개서나 학업계획서를 통해 지원자의 학습 능력을 검토할 뿐만 아니라 잠재 능력을 평가하기 위해 비교과 영역에서 학습 태도 및 가치관을 선발의 근간으로 삼고 있다. 그래서 최근, 대학 수시 입학 비율이 점점 커지면서 학생들의 자기소개서 및 학업계획서 그리고 구술면접과 내신의 중요성이 부각되고 있는 것이다.

2019년 연세대학교가 기준 3,374명 모집 정원 중 수시로 뽑은 인원은 2,354명(수시를 통해 뽑은 인원 660명, 특기자 전형으로 뽑은 인원 594명, 일반전형으로 뽑은 인원 1,100명)으로 전체 모집 인원의 70%에 달했다. 수시 비율이 이렇게 높아져가고 있는 것은 획일화된 선발 방식에서 벗어나 학생들의 잠재가치를 다양한 각도로 살펴보고 좋은 인재를 선발하겠다는 뜻이다. 이런 상황에서 수시에 대한 학부모들의 관심은 점점 높아져 가고 있지만, 학생부교과전형, 학생부종합전형(활동우수자, 구술면접), 내신 등을 어떻게 준비해야 할지 몰라 답답해한다.

그런데 이런 수시 준비의 비법은 다른 곳에 있지 않고 학습, 생활습관과 관계가 있다. 수시에서는, 특히 연세대의 면접집중형은 제시문의 논제를 명확히 파악하고 충분한 근거를 가지고 자신만의 언어로 풀어내는 훈련을 요한다. 이때 면접관은 수험생의 독해력, 창의적 표현, 논리적 흐름 등의 능력을 간접적으로 파악할 수 있다. 이 능력은 보통 읽기, 듣기, 쓰기, 말하기 등 기본적인 학습 능력에 기초한다.

중요한 것은 이 기초 학습 능력이 학습을 할 때만 필요한 것이 아니라 자녀들이 직업을 탐색하는 과정에서도 매우 필요하다는 것이다. 자신에게 어울리는 직업으로 무엇이 있는지 인터넷 자료를 찾아보고 읽는 능력, 다른 사람들의 조언을 귀담아듣는 능력, 진로와 관련해 자신의 생각을 논리적으로 쓰고 말하는 능력 등이 진로교육에서도 필요하다. 따라서 부모는 진로와 학습의 관계, 그리고 진로와 생활습관의 관계를 알고 있어야 한다. 그래야 자녀의 이상 행동이 있을 때 적절하게 대처하고 대입 전략도 미리 짤 수 있다.

진로와 학습의 관계

학습의 과정은 배우고 익히는 과정이다. 여기서 말하는 학습이란 단순히 학교 공부뿐만 아니라 일상생활 속에서 배우고 익히는 삶을 말한다. 예를 들어 자녀가 성장하여 어떤 직장을 갖는다고 가정하면 제일 먼저 해야 하는 것은 무엇일까?

회사에 입사한다면 신입사원 오리엔테이션을 통해 회사에서 필요한 규범과 업무 지식을 배우고 익혀야 한다. 갈비 식당을 운영하려고 한다면 갈비가 몇 센티미터일 때 맛이 좋은지, 혹은 고기는 어느 부위가 맛있는지 사전에 배우고 익혀야 한다. 사과 장사를 하든, 정육점을 경영하든 그 어떤 직업을 갖든 초기에는 반드시 배우고 익혀야 한다. 그렇지 않으면 많은 시행착오를 겪을 수밖에 없으며 주어진 시간을 효과적으로 운영할 수 없다. 학습 능력은 자원과 시간이 한정되어 있는 사회에서 살아가기 위해 꼭 필요한 요소다.

진로를 발견하기 위해 자녀에게 요구되는 능력도 있다. 우선 주도성이 필요하다. 주도성은 자신이 주인이 되어 삶을 이끌어가는 능력이다. '나는 무엇을 좋아하고 또 무엇을 잘할 수 있지?' 등과 같은 고민은 주도성이 없으면 하기 어렵다. 자신의 꿈을 발견한 뒤 그 꿈을 이루기 위해 반드시 바꿔야겠다는 게 있다면, 그것을 행동으로 옮기는 것도 주도성이다.

긍정성도 필요하다. 진로 발견의 장애요소 중 하나는 부정적인 자기개념이다. '나는 할 수 없다. 과연 내가 그 꿈을 이룰 수 있을까?' 같은 생각으로는 자신에게 주어진 현실을 부정하게 되고 중도에 포기하는 결과를 낳게 된다.

마지막으로 요구되는 능력은 성실성이다. 내가 무엇을 좋아하고 또 무엇을 잘할 수 있는지 주도성을 가지고 생각한다 할지라도 끊임없이 생각하지 않으면 안 된다. 한 분야의 전문가가 되기 위해서는 만 시간을 투자해야 하듯이 자신의 꿈을 발견하려면 마찬가지로 성실하면서도 꾸준하게 자신의 생각, 감정, 욕구를 관찰하는 훈련을 해야 한다.

이런 주도성, 긍정성, 성실성은 학습할 때도 마찬가지로 요구된다. 보통 반사적으로 공부하는 학생들은 수학 문제를 풀다가 조금만 어려운 문제가 나오면 곧바로 자리에서 일어나 냉장고 재고 조사를 하는 등 딴짓을 한다. 이런 행동이 반복되면 집중을 할 수 없게 될 뿐만 아니라 학습 능력을 향상시키기도 어렵다. 성실성은 공부의 이유를 발견하고, 학습 습관을 잡는 데 매우 큰 역할을 한다. 자신이 왜 공부를 해야 하는지에 대한 이유를 찾는 것은 자기 진로 탐구와 함께 생각해보지 않으면 안 되는 작업이며, 긍정성은 궁극적으로 학습에서 가장 중요한 학습 유능감(有能感)과 깊은 관련이 있다.

진로와 생활습관의 관계

진로와 생활습관의 관계도 마찬가지다. 꿈을 이루어주는 것은 습관이다. 아무리 꿈을 발견하고 충분한 삶의 동기가 있다고 할지라도 생활습관이 바뀌지 않으면 꿈을 이루기가 쉽지 않다. 왜냐하면 좋은 습관이 좋은 열매를 맺기 때문이다.

이 시간 아이의 책상을 한번 떠올려보자. 어떤 그림이 떠오르는가? 그 책상의 모습이 아이의 마음 상태라고 해도 과언이 아니다. '깨진 유리창 이론'이라는 것이 있다. 같은 에너지는 서로 끌어당기는 속성이 있다. 실제로 한 학교에서 깨진 교실 창문의 유리를 치우지 않고 일주일 동안 방치해둔 적이 있었다. 일주일 정도 지나자 이번에는 다른 교실의 유리창이 깨져서 파편이 널부러져 있었다. 계속해서 유리를 치우지 않고 내버려두면 어떤 일이 벌어질까? 깨진 유리창 이론에서는 아마도 학교 전체가 깨진 창문으로 가득해질 것이라고 말한다. 실제로 아이들의 생활습관을 살펴보면 책상을 정리정돈하지 않는 아이, 가방 정리를 하지 않는 아이, 쓴 물건을 제자리에 놔두지 않는 아이는 학습 정리 역시 잘 되지 않을 뿐만 아니라, 진로 체험을 위해 많은 경험을 하지만 정리되지 않은 생각 때문에 체험 매너리즘에 빠질 확률이 매우 높다. 계획하고 실천하고 피드백을 듣는 경험이 아이에게는 절대적으로 필요하다. 이런 경험을 많이 한 아이일수록 자신만의 길을 찾아가기가 수월하다.

물론 2022년도에는 정부의 입학 전형이 보다 간소해지고 대입 수시역시 정시와 균형을 이루는 쪽으로 가닥이 잡힐 것으로 보인다. 그럼에도 불구하고 진로와 학습 그리고 진로와 생활습관의 관계에는 변함이 없다. 따라서 부모들은 다변화되고 있는 입시제도에 휘말리지 말고 진로교육의 원리를 기억하고 오늘부터 생활에 접목시킬 수 있는 것은 무엇인지 생각해봐야 한다.

Chapter 02

자기소개서는
자기 이해에서부터 시작된다

입시에서 수시 전형의 비율이 점점 높아지면서 자기소개서의 중요성도 점차 높아지고 있다. 그래서 면접이나 논술을 준비하는 것 못지않게 어릴 적부터 진로교육을 통해 자기소개서를 준비해야 한다. 2018년도 각 대학의 수시 전형을 보면 알 수 있듯이 정시의 비중은 낮아지고 있고 오히려 자기소개서, 학업계획서, 추천서 등이 더 중요시되고 있는데, 이는 내신 성적만으로는 대학이 원하는 우수한 인재를 선발하기 어렵다고 판단했기 때문이다. 그에 따라 자기소개서의 중요성이 강조되고 있다.

일각에서는 자기소개서가 당락에 영향을 미치는 경우가 거의 없고, 별로 중요하지 않다고 하지만, 이건 사실과 다르다. 자기소개서가 합격 여부에 영향을 주지 않았다는 것은 지원한 모든 학생이 합격선 이상의 자기소개서를 제출했다는 것이다. 다시 말해 모든 학생이 합격선 이상의 자기소개서를 제출하는 와중에 혼자 빈약한 자기소개서를 제출한다면 결정적으로 불합격 요소가 될 수도 있다는 것을 의미한다. 특히 면접이 중요한 대학 같은 경우에는 자기소개서를 바탕으로 면접을 진행하기 때문에 그만큼 자기소개서는 매우 중요하다고 할 수 있다.

대학에 따라 차이가 있지만 크게 보면 일정한 양식의 자기소개서를 요구하는 곳과 학생 자율에 맡기는 곳이 있다. 일정한 양식을 제공하지 않는 학교는 어느 정도 자유로운 형식을 인정한다는 의미이기도 하지만, 대학에서 원하는 자율과 동떨어진 형식은 감점 요인이 된다는 데 주의해야 한다. 이 말은 자기소개서에도 어느 정도의 모범답안이 존재한다는 뜻이며, 여기에 맞춰 최대한 자신을 표현해야 한다는 것이다.

자신을 표현하기 위해서는 자신에 대한 충분한 이해가 전제되어야 한다. 설령 자기 자신을 이해하고 있다 해도 글로 남들이 이해하기 쉽게 쓰는 것은 지속적인 노력 없이는 힘든 일이다. 그래서 자신만의 개성 있는 자기소개서를 작성하기 위해 기억해야 할 5가지를 소개하고자 한다.

첫째, 성장 과정과 가족 환경

자기소개서는 자신에 대한 브리핑이 아니다. 단순히 나열해놓는 성장 과정은 매우 상투적이다. 예를 들면 '저는 어릴 적 근엄한 아버지와 자상하신 어머니 밑에서 자랐습니다. 어릴 적부터 기독교 문화 환경에서 자란 저는…' 식의 표현들 말이다. 이렇게 성장 과정에서 있었던 모든 일을 열거할 필요는 없다. 하나의 스토리로 인상이 강했던 사건이나 만남을 통해 전체적인 인상을 풍기는 것이 좋다. 지금의 자신을 있게 만든 가정환경, 자신의 생활방식을 바꿔놓은 인물, 힘든 시기를 극복할 수 있게 한 사람 등 자신의 목표가 생기게 된 계기 등이 좋은 소재가 된다.

둘째, 장점과 단점

장점과 단점을 적으라고 하면 대다수 학생들은 단점은 잘 쓰는데 장점은 쓰기 어려워한다. 그만큼 자신의 장점이 무엇인지 인식을 못한다는 것이다. 자기소개서에서 장점과 단점을 쓸 때 학생들은 고민을 많이 한다. 단점을 쓸 때도 진짜 단점을 쓰면 왠지 감점을 받을 것 같고, 그렇다고 안 쓸 수도 없고 고민이 이만저만 아닐 것이다. '단점이 없는 인간은 없고 단점이 없다고 생각하는 사람은 자신의 단점조차 알지 못한다고 평가될 수 있다'는 말이 있다. 그래서 대다수 학생들은 단점을 줄이기 위한 표현으로 자신의 장단점을 혼합해서 쓴다. '저는 남을 너무도 배려를 잘하는 것이, 우유부단하다는 소리를 좀 듣습니다. 지나치게 남을 배려하는 것이 단점입니다' 식으로 말이다. 그런데 이런 표현 방식은 나쁘지는 않지만 썩 좋은 방법이라고는 말할 수 없다. 차라리 단점을 확실하게 말하고 이 단점을 극복하기 위해 구체적으로 어떤 노력을 해왔는지 설명하는 것이 낫다.

왜냐하면 대체로 면접에서는 이 부분에 대해 구체적으로 물어보기 때문이다. 단점에 대한 에피소드를 소개한다든가 아니면 앞으로 자신의 단점을 어떻게 극복할 것인지에 대한 계획을 쓰는 것도 도움이 된다. 이런 면모는 자신에 대한 객관적인 평가가 가능하다는 면을 보여줄 수 있고, 앞으로 더 큰 성장이 가능하다고 해석할 수 있기 때문이다.

셋째, 자기주도학습 경험

자기소개서는 객관성이 중요하지만 완전하게 자기 증명을 하기는 어렵다. 이를 보완하기 위해 자기소개서에 포함되어야 할 내용이 일반 교내 커리큘럼에는 포함되지 않는 비교과 활동이다. 비교과 활동은 그 종류가 많고 다양하기 때문에 한마디로 정의 내리기 어렵지만, 입학사정관 전형에선 학습 활동뿐 아니라 동아리 활동, 독서, 봉사활동, 각종 대회 준비, 취미와 특기 활동 등 고교시절의 모든 활동을 포함하는 개념이다.

넷째, 가치관

지원자의 가치관은 지원자가 어떤 결정을 내리고 행동하게 만드는 기준이다.

10대에 가치관이 어떻게 형성되는가는 성인이 된 후의 행복, 직업, 삶을 바라보는 태도에까지 영향을 미친다. 자기소개서는 절대로 짧은 기간 내에 완성되지 않는다. 자기 자신에 대해 잘 알고 있다 해도 그것을 글로 표현하는 것은 쉬운 일이 아니다. 노트 필기를 할 때는 자신이 이해하기 쉽게 정리하는 것이 중요하다면, 자기소개서는 남들이 이해할 수 있게 정리하는 것이 중요하다. 따라서 자기소개서를 작성하려면 자신의 가치관이 어떻게 형성되고 있는지 꾸준히 일기를 쓰며 오래 생각하면서 다른 사람들에게 자신을 이해시키기 위해 노력해야 한다. 가치관이 조금씩 변해가고 삶의 태도가 조금씩 변해가는 만큼 몇 번을 고쳐 쓰고 지우면서 자기 자신에 대해 생각해보는 연습이 필요하다.

다섯째, 부모와 꾸준히 함께하는 '생각 대화'의 시간

대학 입시를 위해 자기소개서를 쓰고 있던 한 학생이 한번은 이런 이야기를 했다. "코치님, 자기소개서 쓰기가 왜 이렇게 어렵죠? 이렇게 어려울 줄 알았다면 차라리 수능 정시를 위해 문제집을 한 권 더 푸는 게 낫겠어요." 그 학생이 보여준 자기소개서 양식에 있는 질문을 살펴보니 생각을 많이 요구하는 질문이 많았다. 주로 '당신의 꿈은 무엇이고, 그 꿈을 이루기 위해 이제껏 무엇을 준비해왔습니까?', '당신의 인생에서 위기는 무엇이었고 어떻게 극복해왔습니까?' 등이었다. 참 쉬운 것 같으면서도 어려운 질문들이었다.

이런 질문은 오랜 시간 동안 고민하지 않으면 쓰기 쉽지 않다. 그런데 이런 고민들은 자녀 스스로 하기에는 사실 좀 벅차다. 더욱이 혼자서 생각하고 자신의 생각을 남들과 다양하게 나눠본 경험이 없는 아이일수록 생각은 많지만 정리되지 않은 생각들로 뭉쳐 있어서 혼란만 가중될 것이다. 이런 상태로 자신을 글로 표현한다는 것은 어불성설이다. 더욱이 자기소개서를 통해 지원자의 가치와 태도를 보여주어야 하므로 자신의 생각을 정리하고 표현할 수 있도록 중고등학교 시절부터 부모는 자녀와 함께 생각을 나눌 수 있는 대화의 시간을 갖고 도와주어야 한다.

따라서 자녀 자신만의 개성이 돋보이는 자기소개서를 작성하기 위해서는 진로교육의 첫 단추인 자기 이해 파트에서 자신이 좋아하는 것, 잘할 수 있는 것, 가치관 탐색 등을 통해 나는 어떤 사람인지에 대해 아이가 스스로 정립할 수 있도록 돕는 시간이 필요하다. 이 시간은 부모가 자녀를 위해 줄 수 있는 최고의 선물이라는 것을 기억하고 오늘부터 실천해보자.

준비된 인재임을 증명하는
학업계획서를 작성하라

학업계획서는 대학 입학 후의 학업 계획에 대한 기획서다. 자신이 원하는 대학과 원하는 학과에 합격한 후 어떻게 능력을 키우고 무엇을 준비할 것인지, 원하는 진로는 무엇인지에 대한 계획서다. 넓게 보면 인생 계획서이기도 하다. 면접관들에게 학업계획서는 지원자의 성장 가능성, 잠재 능력을 확인하는 수단이다. 따라서 학업계획서를 작성할 때는 계획의 순서나 시기가 다소 추상적이라 할지라도 그 계획을 짠 이유와 현실적인 실행 방안을 구체화하여 쓰는 것이 좋다. 여기서 면접관들의 판별 기준은 단순히 의욕만 넘치는 것은 아닌지, 서류를 화려하게 꾸미기 위해 과장을 한 것은 아닌지 등이다. 충실한 학업계획서를 작성하기 위한 3가지 방법은 다음과 같다.

첫째, 지원 동기와 준비 과정이다. 면접관들은 뚜렷한 목표를 가지고 이를 이루기 위해 열정적이면서도 지속적으로 노력해온 학생에게 주목한다. 동기가 분명해야 노력한 과정에 일관성이 있고 지원학과에 적합한 학습 능력을 지녔는지 판단할 수 있기 때문이다.

이를 위해 먼저 해야 할 것은 지원 학과에 대한 정확한 정보를 파악하고, 지원 동기와 관련 학과에서의 활동 내역을 연결 짓는 것이다. 실제 면접관들의 말로는 자신이 지원하고자 하는 학과가 대학에 없는데 지원하는 학생도 부지기수라고 한다. 즉 지원하는 대학에 어떤 학과가 있는지 잘 알아보지도 않고 원서를 쓴 경우가 허다하다는 것이다.

둘째, 계획의 구체성이다. 면접관들은 학업계획서를 통해 지원자의 학업 의지와 열정, 적성, 발전 가능성 등을 골고루 평가하기 때문에 이를 뒷받침할 수 있는 해당 학과의 커리큘럼과 프로그램, 관련 진로까지 두루 파악하고 있어야 이에 맞는 계획을 구체적으로 세울 수 있다. 대학 입학 이후의 생활 계획을 학업 계획에 맞춰 서술하되 취미나 정규 수업 이외의 활동 계획도 구체적으로 적절히 다루어주는 것이 좋다. 계획이 구체적이면 면접관은 그 구체성 속에서 지원자의 열정과 발전 가능성을 가늠할 수 있다.

셋째, 희망 진로다. 학업 과정에서 배운 내용과 활동을 대학 졸업 이후의 활동과 어떻게 연결시킬 것인지 구체적으로 보여주어야 한다. 이때 진로는 개인적인 꿈, 직업이나 사회적 지위뿐만 아니라 사회환원이나 봉사활동도 함께 적는 것이 좋다.

이렇게 학업계획서에서 중요한 요소 3가지를 살펴보면 알 수 있듯이 학업계획서 역시 진로교육에서 한 축을 담당하는 진학교육과 관련이 있으며, 결국 희망 진로와 연결된다. 이를 위해 필요한 것은 무엇일까?

고등학생이 되어 입학 자료를 준비하는데 아직까지도 부모가 나서서 설명회를 찾아다니는 것이 대한민국 교육의 현실이다. 그러나 진정한 자녀 사랑은 학생 스스로 자기주도적 진로 설계와 진학 설계를 할 수 있도록 부모가 전면에 나서는 것이 아니라 옆에서 지지해주는 것이라는 점을 기억해야 한다.

Chapter 04

목표 설정을 통해
자연스럽게 대입 준비를 하라

앞서 이야기했듯이 진로 지도가 중요한 이유는, 진로 지도가 인생의 방향을 미리 설정함으로써 자녀 스스로 삶의 동기를 찾아 의미 있고 행복한 삶을 살도록 돕기 위해서다. 작은 의미로는 학습 동기인데, 공부해야 하는 뚜렷한 이유를 발견하지 못한 상태에서 하는 공부는 아이들에게 득이 되지 않는다. 그동안 합격만 하면 된다는 식으로 공부해 대학에 진학한 학생들에게서 그 폐단이 나타나고 있다.

실제로 서울 4년제 대학 1학년 학생 1,000명을 대상으로 조사한 바에 따르면 '다시 전공을 선택할 기회가 온다면'이라는 질문에서 53.5%가 '바꾸고 싶다'고 답했고, 36.6%만이 지금의 전공을 선택하겠다고 밝혔다. 그리고 '지금의 전공을 선택한 계기'에 대한 질문에는 32%가 '성적에 따라가다 보니 지금의 전공을 선택하게 되었다'고 답했다. 그래서 상위 1%의 학생 중 74%가 얘기하는 학업 원동력이 무엇인지 조사해 보니 그들에게 학습 동기는 '나의 절실한 목표를 이루기 위해서', '공부 자체가 재미있어서', '남들에게 인정받기 위해서', '학생이라면 당연히 해야 하는 것'이라고 답했다. 그래서 진로 지도를 목적으로 시작한 교육이 자기주도학습과 어떻게 연결되는지 살펴보니 다음과 같은 프로세스가 도출되었다.

진로 진학 목표→학습 동기 유발→성실성→자기주도학습 능력
→학업 성취감→미래의 자신감→장기적인 습관화

여기서 중요한 것은 학습 동기 유발이 아이들의 성실성을 낳는다는 점이다. 성실함이란 꾸준히 노력하여 열매로 나타나는 것을 말한다. 성실함이 높은 학생들은 자기조절 능력 또한 높아져 중요한 것을 중요하게 다룰 수 있는 기초 체력을 얻게 된다. 게다가 지금의 전공을 다시 선택하겠다고 밝힌 36.6%의 학생들을 별도로 조사해보니 내신 1등급에서 3등급 사이의 학생들의 경우, 자신의 희망 진로와 현재의 전공이 일치하는 것으로 나타났다.

따라서 자녀가 변화하는 대학입시제도에서 자연스럽게 대입을 준비하도록 하기 위해서는 초, 중학교 시절에는 다양한 체험 활동을 통해 사고의 폭을 넓히게 해주고, 학년 전환기에는 부모가 코칭식 질문을 통해 아이 스스로 생각하고 책임감 있게 진로 설정을 할 수 있도록 돕는 것이 효과적이다.

Chapter 05

체험 활동 후
아이의 생각을 관찰하고 기록하라

불과 몇 년 전까지만 하더라도 청소년들은 체험 활동이 매우
부족했다. 그러나 2009년 교과 과정 개정으로 인해 창의, 인성 · 진로교
육이 활성화되면서 학생들의 자기주도학습 능력뿐만 아니라 체험 학
습 시간도 점점 늘고 있다. 이는 체험을 통해 얻는 지식을 바탕으로 창
의성을 기르게 하기 위함이다. 이런 시대적 요구에 그동안 세분화되었
던 교육이 융합 교육으로 바뀌면서 진로교육도 융합 교육 형태로 바뀌
고 있다. 일선 학교에서는 피카소 그림을 스크린에 띄워놓고 영어로 수
업하는 경우도 있다.

안양 신안중학교의 경우 과학과 음악을 통합하여 '소리로 듣는 과학'
이라는 주제로 수업을 진행하기도 했다. 학생들에게 거문고의 원리와
소리 파동의 원리를 알려준 뒤 학생들 스스로 거문고를 만들어보게 했
다. 그리고 소리의 파동이 어떻게 나타나는지 나일론 줄로 거문고 소리
를 내게 한 다음 소리가 울릴 때마다 진동이 느껴지도록 구리 금속에
나일론 줄을 묶었다. 그리고 이 구리 금속에 전선을 연결하여 물을 받
아놓은 종이컵에 다시 연결시켰다. 거문고를 연주하면 소리의 파동이

구리 금속에 전달된다. 이 구리 금속의 파동이 다시 종이컵의 물에 전달될 때 학생들은 물감을 떨어뜨려 물감의 형태를 관찰한다. 그 뒤 자신들이 깨달은 바를 활동지에 적는 수업이었다.

이렇게 과학, 미술, 음악 각각의 단원이 가지고 있는 원리를 융합해 교육하는 실험학교가 늘고 있다. 따라서 진로교육 역시 통합 교육 시대를 맞이할 것이다. 좋은 진로교육을 실시하는 학교는 단순히 미래의 직업을 소개하고 직업 트렌드를 알리고 심리검사를 하는 데서 벗어나 미술과 진로, 음악과 진로, 수학과 진로 등의 융합 교육을 실시할 것이다. 또한 앉아서 진로교육을 하기보다는 놀이 교육이 중심이 될 것이다. 진로 체험 수업으로는 관련 직업군 멘토를 만나게 한다든지 '잡 월드' 체험을 통해 학생들에게 직업 세계를 이해하도록 할 것이다.

그런데 여기서 부모가 알아두어야 할 것은 이러한 융합 교육, 직업 체험 활동을 학교에서 진행한다고 해서 가정에서 방관하면 안 된다는 것이다. 중요한 것은 그런 체험 활동 이후 아이가 어떻게 생각이 바뀌고 있는지 살피고 기록해두어야 한다는 것이다. 왜냐하면 진로교육의 기본은 자기 이해에서 비롯되기 때문이다.

앞에서 자기 이해란 '나는 누구인가'에 대한 답변이라고 했다. 초등학교 시절부터 아이가 경험한 모든 것은 아이가 자신의 정체성을 확립해나가는 데 영향을 주게 되어 있다. 다양한 활동을 통해 깨달은 바가 잘 정리된 아이는 자기 자신에 대한 이해가 높고 자기 정체성도 빨리 확립된다. 따라서 부모는 아이가 다양한 체험 활동을 한 뒤 생각과 인식이 어떻게 변화하고 있는지 관찰하고 짧게나마 기록으로 남겨두는 것이 좋다. "오늘 체험학습 어땠니?" 같은 정보전달 위주의 대화가 아니라 "오늘 체험학습 활동을 통해 무엇을 깨달았니?" 같은 질문을 하고 아이의 생각을 깊게 들어보고 기억하도록 한다. 아이의 생각을 부모가 기억하고 지속적으로 기록으로 남겨둔다면 아이에 대한 통찰을 얻을 수 있을 뿐만 아니라 아이를 키울 때 정말 관찰해야 할 것과 관찰하지 말아야 할 것을 자연스럽게 구분할 수 있게 될 것이다.

부부가 서로 사랑하는 모습을 보여주어야 한다

자녀에게 부모가 줄 수 있는 최고의 선물은 부부 두 사람이 깊이 사랑하는 모습을 보여주는 것이다. 자녀는 엄마 아빠가 서로 미워하는지 아니면 사랑하는지 충분히 감지하고 있다. 엄마와 할머니 사이에 갈등이 있다는 것도 안다. 또 경제적인 문제로 엄마와 아빠와 싸우는 것도 알고, 아빠가 주식으로 돈을 잃어서 갈등이 심하다는 것도 안다. 갈등이 없는 가족은 없다. 다만 갈등은 어떻게 해결하느냐가 아니라 어떻게 관리하느냐가 중요하다.

힘들고 어려울수록 감정을 내려놓고 끊임없이 소통하고 대안을 만들어가는 것이 진짜 가족이다. '부모는 아이들의 거울'이라는 말이 있다. 즉 아이들은 부모를 보면서 '나도 저렇게 나이 먹어가겠구나'라고 믿고 있다는 것이다. 따라서 아이들은 부모의 삶을 보고 배운다는 것을 잊지 말아야 한다. 말과 혀로만 자녀에게 좋은 성품과 습관을 심어주는 것은 매우 어렵다는 것을 기억하고, 부모 역시 훈련하는 마음으로 서로를 사랑하고 있다는 것을 몸으로 보여주어야 한다.

공연

세종문화회관 공연장 견학 프로그램(www.sejongpac.or.kr) 02)399-1145

전화 신청, 단체(10~30명), 3,000원, 매주 수요일 및 마지막 주 토요일

군인

육군사관학교 견학 프로그램(www.kma.ac.kr) 02)976-6454~5

공예

서울역사박물관(museum.seoul.kr) 교육 프로그램(전통문화) 02)724-0274

인터넷 신청, 프로그램에 따라 다름

한국문화의집 체험 프로그램(kous.or.kr) 02)3011-1788

info@kous.or.kr, 전화, 팩스, 이메일, 방문 신청, 비용은 협의, 연중 수시 운영

경찰 안보

경찰박물관 견학 및 체험 프로그램(www.policemuseum.go.kr) 02)3150-3681

전화 신청, 무료, 매주 화~일요일

국가정보원 안보전시관 체험 및 견학 프로그램(www.nis.go.kr:4016/main.do)

02)3461-6613

전화 또는 인터넷 신청, 무료, 매주 월~금요일

금융·경제·증권

화폐금융박물관 견학 및 체험, 경제교육 실시 프로그램(www.bok.or.kr/museum)

02)759-4881, 인터넷 신청, 무료, 매주 화~일요일

국세청조세박물관 견학 및 체험 프로그램(www.nts.go.kr/museum) 20)397-1635

인터넷 신청, 무료, 매주 월~금요일

한국거래소 학생 증권시장교실(krx.co.kr) 02)3774-4098

전화 단체 신청(20~60명), 증권 거래 관련 만화 비디오 시청, 모의 주식투자 보드게임

우리은행 은행사박물관 견학 및 체험 프로그램(www.woorimuseum.com)

02)2002-5090, 인터넷 및 팩스 신청, 무료, 매주 화~토요일

기자 및 편집

동아일보 신문박물관 교육 프로그램(presseum.or.kr) 02)2020-0114

인터넷 신청(지도교사가 인솔하는 14~40명의 단체 신청), 무료, 일요일 공휴일 제외

한겨레신문사 견학 프로그램 02)710-0128

전화 단체 신청(35명 내외), 매달 둘째, 셋째 수요일

애니메이션

서울애니메이션센터 체험교실(ani.seoul.kr/) 02)3455-8315

전화 신청, 매주 화~일요일

입법공무원·국회의원

국회의사당 체험 프로그램(www.assembly.go.kr) 02)788-2565/2761

공문 접수, 무료

외교

외교통상부 견학 프로그램 외교관과의 대화, 외교사료관 견학(www.mofat.
go.kr) 02)2100-2114, bvisit@mofat.go.kr, caf?.naver.com/
diplomaticarchives, 인터넷, 이메일, 전화 신청

수의사·사육사

서울대공원 체험 프로그램(grandpark.seoul.go.kr) 02)500-7710

전화 단체 신청(35명 내외), 매달 둘째, 셋째 수요일

진로·직업·체험

하자센터 진로 체험 프로그램(haja.net) 02)2677-9200

1회기 인원 : 15~20명, 영상/디자인, 힙합, 요리, 문화/예술 진로 체험

전국고용센터 Job school 직업 체험 프로그램(www.work.go.kr/jobcenter)

학교 단체 신청(1학급 이상), 매년 초 학교로 직업 체험 프로그램 공문 발송됨

한국 청소년재단 청소년 인턴십 센터(www.yintern.or.kr/) 02)3143-7851

단체 및 개인 신청(방학 이용 인턴십 체험), 1회기는 2개월 과정

한국 여성 경영자총협회 중등 진로/직업의식 체험 프로그램(www.kbwf.or.kr/)

02-540-4207, 단체 신청, 매년초 학교로 체험 프로그램 발송

\서울시립청소년미디어센터 스스로넷 체험 프로그램(www.ssro.net) 02) 795-8000(내선212), 온라인 단체 신청(10인 이상), 만화 5컷 제작, 스튜디오 체험, 콘티 활용 체험

통역사

청소년국제교류네트워크 청소년 해외 체험 프로그램(www.youth.go.kr/iye) 02)2677-0681, 인터넷 신청, 15~24세

항공

한국항공대학교 항공우주박물관 견학 프로그램(www.aerospacemuseum.or.kr/) 02)300-0466~7, 인터넷 개인, 단체 신청 매주 화~일요일, 청소년 2,000원, 단체(20인 이상) 1,500원, 견학 및 비행 시뮬레이션 교육

부록

내 아이를
알기 위한
4가지 진단

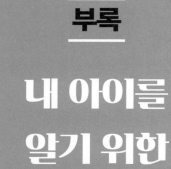

내 아이에 대해 알기 위해서는 4가지 측면에서 관찰해보아야 한다. 2장에서 설명한 내용을 바탕으로 아이와 함께 질문지와 답을 놓고 토론하며 경청하는 시간을 가져보자.

1. 내 아이의 성격을 이해하라 — MBTI 성격 유형 검사

MBTI 성격 유형 검사는 칼 융(C.G.Jung)의 심리유형론을 근거로 하여 이사벨 마이어스(Isabel B. Myers)와 캐서린 브릭스(Katherine C. Briggs)가 일상생활에서 보다 쉽게 활용할 수 있도록 고안한 자기보고식 성격 유형 검사다. 융의 심리유형론은 인간의 행동이 다양성 때문에 기본적으로 복잡한 것 같으나 사실은 일관적인 행동의 특성을 가지고 있다는 관점에서 출발했다. 그래서 MBTI 성격 유형 검사는 사람의 성격을 16가지로 분류하여 보다 쉽게 타인을 이해하도록 했다. 무엇보다 자녀에게 검사를 실시해본다면 자녀를 이해하는 데 도움이 될 것이다. 이 검사는 본문 2장에 나오는 '내 아이의 성격을 이해하라'를 먼저 충분히 읽고 난 다음에 해보는 것이 좋다. 간이 검사이므로 보다 구체적인 검사를 원한다면 센터로 문의하길 바란다.

검사지로 유형 체크하기

먼저 실시 요령은 다음과 같다.

❶ 다음 각 번호별로 제시되어 있는 2개의 문장을 읽고 나에게 보다 많이 해당되는 것에 O를 표시한다.

❷ O를 표시한 개수를 세어 합계란에 쓰고 점수가 큰 쪽의 유형을 □ 안에 적는다.

❸ 검사가 끝나면 □ 안에 쓴 알파벳을 차례대로 나열해 쓴다.

번호	E 유형	표시	I 유형	표시
1	여러 친구들과 많이 사귀는 편이다.		몇 명의 친구들과 깊이 사귀는 편이다.	
2	계발 활동 부서에 갈 때 새로운 친구들을 만나는 것이 신난다.		새로운 계발 활동 부서에 갈 때 처음 보는 친구들과 앞으로 어떻게 지낼까 걱정이다.	
3	처음 보는 친구들을 만나면 내가 먼저 말한다.		처음 보는 친구들을 만나면 다른 친구가 나에게 먼저 말한다.	
4	나의 생각이나 느낌을 다른 사람에게 이야기하는 편이다.		나의 생각이나 느낌을 내 마음속에 간직하는 편이다.	
5	친구들과 함께하는 놀이가 좋다.		나 혼자 재미있게 하는 놀이가 좋다.	
6	많은 친구들에게 이야기하길 좋아한다.		나는 친한 친구들에게 이야기하기를 좋아한다.	
7	친구들과 함께 공부하면 잘된다.		나 혼자 공부하면 더 잘된다.	
8	나의 생각과 느낌을 말로 표현하는 것이 편하다.		나의 생각과 느낌을 글로 표현하는 것이 편하다.	
9	주위 사람들은 내가 활발하다고 말한다.		주위 사람들은 내가 얌전하다고 말한다.	
	합계		합계	

나의 에너지 방향은? □

번호	S 유형	표시	N 유형	표시
1	친구들에게 내가 직접 보고 들은 것에 대해 얘기하는 것을 좋아한다.		친구들에게 내가 상상한 것을 이야기하는 것을 좋아한다.	
2	실제로 있었던 사람이나 사실에 대한 책을 좋아한다.		상상으로 지어낸 이야기를 좋아한다.	
3	어려운 일에 부딪히면 하던 일을 잘 못한다.		어려운 일에 부딪히면 도전하고 싶은 마음이 생긴다.	
4	무엇을 할 때 전에 배웠던 대로 하는 것이 편하다.		무엇을 할 때 새로운 방법을 생각해서 해 볼 때 더 재미있다.	
5	그려진 그림에 색칠하기를 좋아한다.		이야기 지어내기를 좋아한다.	
6	현재에 최선을 다하는 것이 중요하다고 생각한다.		미래에 대한 꿈을 갖는 것이 중요하다고 생각한다.	
7	선생님이 가르쳐주신 방법대로 하는 편이다.		나 스스로 나만의 방법을 만들어서 하는 편이다.	
8	내가 좋아하는 책은 읽은 것이라도 또 읽는다.		새로운 다른 책을 읽는 것이 좋다.	
9	부지런하고 성실하다는 얘기를 듣는 편이다.		기발하고 엉뚱하다는 얘기를 듣는 편이다.	
	합계		**합계**	

나의 인식 기능은? ☐

번호	T 유형	표시	F 유형	표시
1	불공평한 것이 가장 나쁘다고 생각한다.		다른 사람의 마음에 상처를 주는 것이 가장 나쁘다고 생각한다.	
2	공부 잘하는 실력 있는 학생으로 인정받고 싶다.		친구들 사이에서 인기가 좋은 학생으로 인정받고 싶다.	
3	우리 편이 지면 다음 번에는 이기도록 계획을 짠다.		우리 편이 지면 '다음에 이기면 되지' 하면서 친구들의 기분을 좋게 해준다.	
4	친구의 잘못된 점은 지적해주는 편이다.		친구의 잘못된 점을 지적해주면 친구가 어떻게 생각할까 걱정이 돼서 말하지 않는 편이다.	
5	공평한 사람이 되고 싶다.		친절한 사람이 되고 싶다.	
6	달리기에서 이기면 기분이 아주 좋다.		달리기에서 이기면 기분은 좋지만 진 사람은 기분이 어떨까 생각한다.	
7	똑똑한 사람으로 인정받고 싶다.		따뜻한 사람으로 인정받고 싶다.	
8	도둑질을 하는 학생은 벌을 받아야 한다고 생각한다.		도둑질을 하는 학생은 도둑질을 하지 않도록 도움을 받아야 한다고 생각한다.	
9	벌금을 받을 때는 규칙대로 정확하게 받아야 한다.		벌금을 받을 때는 상황에 따라 그 사람의 사정을 고려해서 받아야 한다.	
	합계		**합계**	

나의 판단 기능은? ☐

번호	J 유형	표시	P 유형	표시
1	해야 할 일을 먼저 하고 논다.		할 수 있는 일이라면 먼저 재미있게 놀고 난 후에 해도 괜찮다.	
2	수업 계획에 따라 차근차근 가르쳐주시는 선생님이 좋다.		그때그때마다 우리가 좋아하는 것에 맞추어 수업 내용을 바꾸어서 가르치는 선생님이 좋다.	
3	정리정돈된 깨끗한 방이 좋다.		내 마음대로 흩어놓을 수 있는 방이 좋다.	
4	하기 쉽게 잘 짜여진 숙제를 좋아한다.		새로운 방법으로 하는 숙제를 좋아한다.	
5	자전거를 탈 때 어디로 갈지 미리 생각하고 탄다.		자전거를 탈 때 그냥 달리고 나서 어디로 갈지 생각한다.	
6	일기장이나 과제물을 잘 챙기는 편이다.		일기장이나 과제물을 잘 잊어먹는 편이다.	
7	무엇을 공부해야 할지 자세히 가르쳐주시는 선생님이 좋다.		우리들 스스로 공부할 것을 선택하도록 맡기시는 선생님이 좋다.	
8	게임의 규칙은 절대로 바뀌어서는 안 된다.		게임의 규칙은 경우에 따라 바뀔 수 있다.	
9	일을 계획적으로 해내는 편이다.		일을 그때그때 해내는 편이다.	
	합계		**합계**	

나의 생활 양식은? ☐

검사 후 성격 특성 이해하기

앞의 검사지에서 체크 표시한 내용에 대해서 각각의 성향에 대한 특징을 알아보겠다.

E(외향형)

❶ 공부를 혼자 하는 것보다 친구들과 같이 할 때 더 잘한다.

❷ 학교에서 모둠 활동을 할 때 공부가 더 잘되는 편이다.

❸ 발표, 연극, 토론 수업이 단순히 필기하는 수업보다 더 편하다.

❹ 실제로 나와서 직접 해보는 수업이 머리에 쏙쏙 들어온다.

❺ 다른 친구가 어떻게 하는지 관찰하면 공부를 더 잘할 수 있다.

❻ 나보다 공부 못하는 친구를 가르치면 공부가 더 잘된다.

❼ 내 작품이 전시될 생각을 하면 하던 일을 더 잘하게 된다.

I(내향형)

❶ 친구들과 같이 공부하기보다 혼자 공부할 때 집중이 더 잘된다.

❷ 생각을 정리할 충분한 시간이 주어지면 수업이 잘 이해된다.

❸ 떠들썩한 수업보다 차분한 학급 분위기에서 공부가 잘된다.

❹ 말하거나 발표하지 않고 들으면서 집중하는 상황에서 공부가 잘된다.

❺ 남과 공부하면 에너지가 소모되는 느낌이 들어 혼자 공부하는 게 더 좋다.

❻ 발표하기 전에 미리 내용을 정리하면 수업에 대한 부담이 덜하다.

S(감각형)

❶ 숙제할 때 꾸준하게 참을성 있게 잘한다는 이야기를 듣는다.

❷ 자세하고 정확한 설명을 들으면 이해가 더 잘된다.

❸ 꼼꼼하고 확실하게 기억할 수 있다.

❹ 암기하는 형태의 공부를 잘할 수 있다.

❺ 자신에게 익숙한 방법으로 공부해야 학습하는 속도가 빠르다.

❻ TV, VTR, 오디오를 이용한 학습이 말로만 진행되는 학습보다 더 이해가 잘된다.

❼ 복습을 통한 학습이 더 편하다.

N(직관형)

❶ 새로운 것을 배우기 좋아하고 색다른 것을 빨리 배울 수 있다.

❷ 상상력을 북돋우는 이야기를 들으면 수업이 더 친근하게 느껴진다.

❸ 정답이 여러 개인 문제에 강하다.

❹ 전체 흐름이 보이면 집중이 더 잘된다.

❺ 언어를 통해 배우는 것이 다양한 도구를 사용한 수업보다 잘 이해된다.

❻ 단계적으로 잘 짜인 학습보다 자기 수준에 맞출 수 있는 수업을 더 잘한다.

❼ 예습을 통한 학습을 더 선호하는 편이다.

T(사고형)

❶ 궁금하면 꼭 물어봐야 한다.

❷ 한번 마음 먹었으면 알 때까지 공부한다.

❸ 논리적이고 조리 있게 설명을 잘한다.

❹ 자료를 수집, 조직, 평가하는 상황일 때 공부가 잘된다.

❺ 선생님이 공평하게 평가하고 숙제를 꼼꼼하게 살펴보면 공부가 잘된다.

❻ 원인과 결과를 찾는 공부 방법을 좋아한다.

❼ 공부 진도가 빠를 때 자극을 받고 더 열심히 한다.

❽ 교사나 친구와 사이가 좋지 않더라도 공부에 방해를 받지 않는 편이다.

F(감정형)

❶ 교실 분위기가 화목하면 공부가 더 잘된다.

❷ 칭찬과 인정을 받으면 성적이 쑥쑥 오른다.

❸ 배우는 내용이 사람들에게 도움을 줄 수 있는 주제면 더 귀에 잘 들어온다.

❹ 자신보다 공부 못하는 학생을 도와야 할 상황이 되면 공부가 더 잘된다.

❺ 부모님과 관계가 좋으면 성적이 오른다.

❻ 시간적 여유가 있는 수업 진도에서 더 잘 배운다.

❼ 친한 친구와 짝이 되면 성적이 오른다.

❽ 공부할 때 친구가 경쟁자가 아닌 친구로 보여서 좋다.

J(판단형)

❶ 시험을 보기 전에 미리 계획을 세우고 그 계획을 잘 지키는 편이다.

❷ 숙제를 다 끝내놓고 노는 편이다.

❸ 교사가 정확하게 설명해줄 때 안심하고 의욕적으로 공부한다.

❹ 공부할 때 조를 짜고 지시하거나 지적하는 활동을 좋아하며 잘한다.

❺ 주변을 깨끗이 정돈해야 능률적으로 공부를 잘한다.

❻ 시간을 낭비하지 않고 스스로 자신을 알아서 통제할 수 있다.

❼ 성실하고 끈기가 있어서 성적이 좋은 편이다.

P(인식형)

❶ 자연스럽고 유연한 학습 분위기에서 더 잘 배운다.

❷ 호기심이 많아 행동으로 표현하는 학습을 할 때 효과적이다.

❸ 새로운 것을 배울 때 즐거워하며 이때 자발적으로 공부할 수 있다.

❹ 미루었다가 몰아서 하는 공부 방법을 좋아하며, 실제로 잘할 수 있다.

❺ 공부가 놀이처럼 느껴져야 즐거워지면서 공부할 마음이 생긴다.

❻ 문제 해결 과정이 융통성이 있고 답이 여러 가지일 때 동기가 생긴다.

❼ 창의적이며 독특한 답을 요구하는 공부에서 두각을 나타낸다.

성격 유형 관련 특징과 추천 직업 살펴보기

성격 유형과 관련하여 추천 직업을 보고 직업 정보에 대하여 자녀와 대화를 나눠볼 것을 권한다.

성격 유형	특징	관련 직업
ISTJ	실제 사실에 대하여 정확하게 체계적으로 기억하며 일처리에 신중하며 책임감이 강하다.	회계, 법률, 생산, 건축, 의료, 사무직, 관리직 등
ISTP	말이 없으며 객관적으로 인생을 관찰하는 편이고 필요 이상으로 자신을 표현하지 않는다.	법률, 경제, 마케팅, 판매, 통계분야 등
ESTP	사실적이고 관대하며 개방적이고 사람이나 일에 대한 선입견이 별로 없다.	의사, 군인, 검사, 경찰관, 운동가 등
ESTJ	실질적이고 현실감이 뛰어나며 일을 조직적으로 계획하여 추진시키는 능력이 있다.	사업가, 행정관리, 생산건축 등
ISFJ	책임감이 강하고 온정적이며 헌신적이고 침착하며 인내력이 강하다.	의료, 간호, 교직, 사무직, 사회사업 등

성격 유형	특징	관련 직업
ISFP	말없이 다정하고 양털 안감을 넣은 오버코트처럼 속마음이 따뜻하고 친절하다.	농장 경영, 교통, 유흥업, 간호직, 비서직 등
ESFP	현실적이고 실제적이며 친절하다. 어떤 상황이든 잘 적응하며 수용력이 강하고 사교적이다.	의료·판매, 교통, 유흥업, 간호직, 비서직 등
ESFJ	동정심이 많고 다른 사람에게 관심을 쏟으며 인화를 중시한다. 동료애가 많고 친절하다.	교직, 성직, 판매, 간호, 의료 분야 등
INFJ	창의력, 통찰력이 뛰어나며 강한 직관력으로 말없이 타인에게 영향력을 미친다.	성직, 심리치료와 상담, 예술과 문학 분야 등
INFP	마음이 따뜻하고 조용하며 자신이 관계하는 일에 대하여 책임감이 강하고 성실하다.	언어, 학문, 문학, 상담 등
ENFP	온정적이고 창의적이며 항상 새로운 가능성을 찾고 시도한다.	상담, 교육, 저널리스트, 광고, 판매, 작가 등
ENFJ	민첩하고 동정심이 많고 사교적이며 인화를 중요시하고 참을성이 많다.	교직, 성직, 심리상담, 예술, 문학 등
INTJ	행동과 사고에 있어서 독창적이며 강한 직관력과 의지와 결단력, 인내심이 있다.	과학, 엔지니어링, 발명, 정치, 철학 등
INTP	과묵하나 관심이 있는 분야에 대해서는 말을 잘하며 이해가 빠르고 높은 직관력으로 통찰하는 재능과 지적 호기심이 많다.	순수과학, 연구, 수학, 엔지니어링, 경제, 철학, 심리학 등의 학문
ENTP	독창적이며 창의력이 풍부하고 넓은 안목을 갖고 있으며 다방면에 재능이 많다.	발명가, 과학자, 언론, 마케팅, 컴퓨터 분석 등
ENTJ	활동적이고 솔직하며 결정력과 통솔력이 있고 장기적 계획과 거시적 안목을 선호한다.	판매업, 건축업, 선장, 군인, 경찰관 등

출처 : 한국심리연구소(http://www.kpti.com)

2. 아이의 흥미를 눈여겨보라 — 홀랜드의 진로 탐색 검사

장 홀랜드 진로 탐색 검사는 융의 심리유형론을 기초로 하여 사람의 흥미 유형을 6가지로 분류해놓은 도구다. 저명한 직업심리학자인 장 홀랜드는 사람의 흥미 유형과 직업의 유형이 일치할수록 삶의 만족도가 높다고 보았다. 이 검사는 자녀의 흥미 유형이 무엇인지 파악하고 일치하는 직업을 찾도록 돕는 도구다. 검사를 통해 자신의 흥미 유형을 알 수 있으며, 자신의 흥미와 관련이 깊은 직업을 추천할 수 있다. 본문의 2장 '아이의 흥미를 눈여겨보라'에서 이미 설명했듯이 흥미 유형 코드 6가지를 먼저 읽어본 뒤에 검사를 해보는 것이 좋다.

방법

❶ 각각의 영역(성격, 흥미, 가치관, 유능감 등)에 속해 있는 유형(실재형, 탐구형, 예술형, 사회형, 기업형, 관습형)란의 특징을 읽어본다.

❷ 평가란에 자신과 일치하는 부분이 있다고 판단이 되면 ○ 표시를 한다.

❸ 평가란의 ○ 개수를 합산하여 합계란에 숫자(❶, ❷, ❸)로 표시한다.

〈성격〉

유형	특징	평가	합계		특징	평가	합계
실재형	인내심이 있다.			사회형	사람 만나는 것을 좋아한다.		
	끈기가 있다.				이해심이 많다.		
	말수가 적고 자기 고집이 있다.				요청을 거절하지 못한다.		
	성실하다.				봉사를 좋아한다.		
탐구형	호기심이 많다.			기업형	지도력이 있다.		
	분석을 좋아한다.				경쟁을 좋아한다.		
	많이 알고 싶다.				외향적이다.		
	내성적이다.				열정적이다.		
예술형	상상을 좋아한다.			관습형	실수를 싫어한다.		
	감수성이 강하다.				계획성을 좋아한다.		
	예민하고 까다롭다.				변화를 좋아하지 않는다.		
	자유분방하다.				책임감이 강하다.		

〈흥미〉

유형	특징	평가	합계		특징	평가	합계
실재형	휴대폰을 조립한다.			사회형	교사가 되고 싶다.		
	기계나 도구를 만든다.				아이들에게 쉽게 공부를 가르칠 수 있다.		
	토지를 측정한다.				레크리에이션 지도자가 된다.		
	휴대폰 수리를 좋아한다.				자원봉사자로 활동한다.		
	과학 상자 조립을 좋아한다.						
탐구형	동식물 연구를 좋아한다.			기업형	물건을 잘 팔 수 있다.		
	수학적 원리를 증명한다.				다른 사람들을 말로 잘 설득한다.		
	실험을 좋아한다.				조원들을 관리하는 책임자가 된다.		
	사회문제를 연구하고 싶다.				현장 취재 신문기자로 일한다.		
예술형	소설 쓰기가 좋다.			관습형	기업체의 회계장부를 관리한다.		
	교향악단을 지휘한다.				은행에서 현금출납 업무를 맡는다.		
	조각가로 일한다.				기록된 자료를 관리하는 사무 능력이 뛰어나다.		
	그림을 그린다.				정리정돈을 좋아한다.		
	글쓰기를 좋아한다.						

〈가치관 〉

유형	특징	평가	합계	유형	특징	평가	합계
실재형	기계를 잘 다루는 직업을 원한다.			사회형	다른 사람의 교육, 건강, 복지를 위한 직업을 갖는다.		
	능력을 발휘하는 직업을 원한다.				사람을 주로 만나는 일을 한다.		
	명령과 복종을 좋아한다.				단합심을 요구하는 직업을 갖는다.		
	기계 또는 중장비를 가지고 일한다.				사람들을 사귈 수 있는 직업을 갖는다.		
탐구형	특정 학문 분야에서 권위자가 되는 직업을 갖는다.			기업형	명예, 직위, 보수를 위해 경쟁할 수 있는 직업을 갖는다.		
	오랫동안 공부해야 얻을 수 있는 직업을 갖는다.				다른 사람을 관리, 지휘할 수 있는 직업을 갖는다.		
	새로운 것을 탐구하고 연구할 수 있는 직업을 갖는다.				도전, 모험을 통해 보상이 따르는 직업을 갖는다.		
	인류의 문제를 해결하기 위해 연구하는 직업을 갖는다.				높은 지위를 얻을 수 있고 가능성이 있는 직업을 갖는다.		
예술형	새로운 것을 지속적으로 창조할 수 있는 직업을 갖는다.			관습형	안정적이고 근무 여건이 편안한 일을 한다.		
	자신의 마음을 마음껏 표현할 수 있는 직업을 갖는다.				정해진 규칙에 따라 일을 처리해야 하는 직업을 갖는다.		
	예술적 재능을 발휘할 수 있는 직업을 갖는다.				깨끗한 업무 공간에서 일하는 직업을 갖는다.		
	조화와 아름다움을 느낄 수 있는 직업을 갖는다.				사무적으로 처리해야 하는 일을 주로 한다.		

〈적성/유능감〉

유형	특징	평가	합계	유형	특징	평가	합계
실재형	컴퓨터가 고장나면 잘 고친다.			사회형	불쌍한 사람을 보면 도와주고 싶은 마음이 강하게 생긴다.		
	신체적으로 하는 일은 재빠르게 잘할 수 있다.				남을 가르치는 것을 좋아한다.		
	컴퓨터를 사용하다 고장나면 고치기 위해 곧잘 뜯어보곤 한다.				낯선 사람에게도 말을 잘 건네고 쉽게 가까워진다.		
	기계 다루기를 잘한다.				동정심이 많은 편이다.		
탐구형	수학을 매우 잘한다.			기업형	말을 재치 있고 요령 있게 잘한다.		
	과학 과목을 잘한다.				모임에서 중요한 결정은 내가 내릴 때가 많다.		
	관찰력이 좋다.				말로 잘 설득한다.		
	속독을 잘한다.				긴급한 상황에서도 잘 대처해 나갈 수 있는 능력이 있다.		
예술형	그림을 잘 그린다.			관습형	노트 정리를 잘한다.		
	글쓰기를 잘하는 편이다.				소지품을 깨끗하게 정리해둔다.		
	음악에 소질이 있다.				자료 정리 능력이 뛰어나다.		
	시를 쓰거나 감상 표현을 잘한다.				세밀하고 꼼꼼한 일을 잘할 수 있다.		

〈희망하는 직업〉

유형	특징	평가	합계	유형	특징	평가	합계
실재형	자동차 엔지니어			사회형	교사		
	항공 엔지니어				사회복지사		
	건축설계사				간호사		
	토목공학자				청소년지도사		
	군인						
탐구형	천문학자			기업형	펀드매니저		
	생물학자				광고홍보 전문가		
	물리학자				CEO		
	의료연구원				호텔 매니저		
예술형	시인, 소설가			관습형	관세사		
	디자이너				은행원		
	화가, 조각가				세무사		
	연극인				행정사무원		

합계란에 숫자로 표기를 했으면 아래 채점표에 요인별(성격, 흥미, 가치관, 유능감, 직업)로 유형(실재형, 탐구형, 예술형, 사회형, 관습형, 기업형)의 개수를 파악하여 합계를 내면 된다.

예를 들어 성격 요인에서 실재형 합계가 4였으면 숫자 4라고 표기한다. 흥미 요인에서 실재형 합계가 3이었으면 숫자 3이라고 표기한다. 가치관 요인에서 실재형 합계가 3이었으면 숫자 3이라고 표기한다. 이어 유능감 요인에서 실재형 합계가 2, 직업 요인에서 실재형 합계가 1이었으면 각각의 칸에 숫자를 적고 4+3+3+2+1을 합한 숫자 13을 합계란에 표기한다.

요인	실재형	탐구형	예술형	사회형	기업형	관습형
성격						
흥미						
가치관						
유능감						
직업						
합계						

〈표 : 채점하기〉

채점이 끝났으면 다음의 표 〈프로파일 그리기〉에 막대그래프로 표시해보자. 예를 들어 앞의 채점표 실재형의 합계가 13이었으면 다음 프로파일 표의 실재형에 13까지 막대그래프를 그린다. 나머지 유형들도 이와 같이 해보자.

17						
16						
15						
14						
13						
12						
11						
10						
9						
8						
7						
6						
5						
4						
3						
2						
1						
○표 개수	실재형	탐구형	예술형	사회형	기업형	관습형

〈표 : 프로파일 그리기〉

막대그래프를 모두 그렸으면 다음 질문에 답해보자.

❶ 가장 개수가 많았던 유형은 무엇인가?

검사를 다 했으면 각 유형 코드별 특징과 추천 직업을 조사하면 도움이 된다. 만약 추천 직업에 본인이 평소에 생각하던 직업이 없을지라도 혼란스러워할 필요는 없다. 중요한 것은 자신이 관심 있어 하는 직업이 역으로 어느 유형과 관련이 있는지 구분할 줄 아는 능력이다.

다음 표를 보고 성격, 흥미, 가치관, 유능감, 관련 직업, 관련 학과별 특성을 이해하자.

단계	유형	특징
성격	실재형	남성적이고 솔직하고 성실하며 검소하고 지구력이 있고 신체적으로 건강하며 소박하고 말이 적으며 고집이 있고 단순하다.
	탐구형	탐구심이 많고 논리적·분석적·합리적이며 정확하고 지적 호기심이 많으며 비판적·내성적이고 수줍음을 잘 타며 신중하다.
	예술형	상상력이 풍부하고 감수성이 예민하며 자유분방하며 개방적이다. 감정이 풍부하고 독창적이고 개성이 강하고 협동적이지 않다.
	사회형	사람들을 좋아하며 어울리기 좋아하고 친절하고 이해심이 많으며 남을 잘 도와주고 봉사적이며 감정적이고 이상주의적이다.
	기업형	지배적이고 통솔력·지도력이 있으며 말을 잘하고 설득적이며 경쟁적·야심적이며 외향적이고 낙관적이고 열성적이다.
	관습형	정확하고 빈틈없고 조심성 있으며 세밀하고 계획성이 있으며 변화를 좋아하지 않으며 완고하고 책임감이 강하다.

단계	유형	특징
흥미	실재형	분명하고 질서정연하고 체계적인 대상·연장·기계·동물들이 조직을 주로 하는 활동 내지 신체적 기술들을 좋아한다. 교육적·치료적 활동은 좋아하지 않는다.
	탐구형	관찰적, 상징적, 체계적이며 물리적·생물학적·문화적 현상의 창조적인 탐구를 수반하는 활동들에 흥미를 보인다. 사회적으로 반복적인 활동에는 관심이 부족한 면이 있다.
	예술형	예술적 창조와 표현, 변화와 다양성을 좋아하고 틀에 박힌 것을 싫어한다. 모호하고 자유롭고 상징적인 활동들을 좋아한다. 명쾌하고 체계적이고 구조화된 활동에는 흥미가 없다.
	사회형	타인의 문제를 듣고 이해하고 도와주고 치료해주고 봉사하는 활동들에 흥미를 보인다. 기계, 도구 물질과 함께 하는 명쾌하고 체계적이고 구조화된 활동에는 흥미가 없다.
	기업형	조직의 목적과 경제적 이익을 얻기 위해 타인을 선도, 계획, 통제, 관리하는 일과 그 결과로 얻어지는 위신, 안정, 권위를 얻는 활동들을 좋아한다. 관찰적, 상징적, 체계적 활동에는 흥미가 없다.
	관습형	정해진 원칙과 계획에 따라 자료 기록, 정리, 조직하는 일을 좋아하고 사무적, 계산적 능력을 발휘하는 활동을 좋아한다. 창의적, 자율적, 모험적, 비체계적 활동에는 흥미가 없다.

단계	유형	특징
가치관	실재형	특기, 기술, 기능을 연마하는 것과 전문성, 유능성, 생산성을 가치 있게 생각한다.
	탐구형	지식이나 학문을 탐구하는 것과 합리성, 지혜로움을 가치 있게 생각한다.
	예술형	창의성과 예술적 재능, 정신적 자유로움과 개성, 변화 있는 생활을 중요시한다.
	사회형	공익과 사랑, 헌신, 봉사하는 생활을 중요시한다.
	기업형	권력, 명예에 대한 욕망이 강하고 모험과 사회적 지위를 중요시한다.
	관습형	능률적이고 체계적인 것을 중요시하며 안정된 생활을 가치 있게 생각한다.

유능감	실재형	기계적·운동적인 능력은 있으나 대인관계 능력은 부족하다. 수공·농업·전기, 기술적 능력은 높으나 교육적 능력은 부족하다.
	탐구형	학구적·지적인 자부심을 가지고 있으며, 수학적·과학적인 능력은 높으나 지도력이나 설득력은 부족하다. 연구 능력이 높다.
	예술형	미술적·음악적 능력은 있으나 사무적 기술은 부족하다. 상징적·자유적·비체계적 능력은 있으나 체계적·순서적인 능력은 부족하다.
	사회형	사회적·교육적 지도력과 대인관계 능력은 있으나 기계적·과학적·체계적 능력은 부족하다.
	기업형	적극적이고 사회적이고 지도력과 언어 능력은 있으나 과학적인 능력은 부족하다. 대인 간 설득적인 능력은 있으나 체계적 능력은 부족하다.
	관습형	사무적이며 계산적이고 회계 정리 능력은 있지만 예술적·상상적인 능력은 부족하다. 체계적·정확성은 있으나 탐구적·독창적 능력은 부족하다.

단계	유형	특징
관련 직업	실재형	기술자, 자동기계 및 항공기 조종사, 정비사, 농부, 엔지니어, 전기, 기계기사, 운동선수, 안경사, 동물사육사, 제과제빵사, 조경사, 컴퓨터기술자, 품질관리기사
	탐구형	과학자, 생물학자, 화학자, 물리학자, 인류학자, 의사, 지질학자, 의료기술자, 게임 프로그래머, 소프트웨어 기술자, 인터넷 전문가, 언어치료사, 교수, 연구원, 제품개발원, 컴퓨터게임 시나리오 작가
	예술형	예술가, 작곡가, 음악가, 무대감독, 작가, 배우, 소설가, 미술가, 무용가, 영상디자이너, 시각디자이너, 컴퓨터그래픽디자이너, 의상가, 예능 교사, 사진작가, 가수
	사회형	사회복지사, 교육자, 간호사, 유치원 교사, 종교 지도자, 상담가, 임상치료사, 언어치료사, 헤어디자이너, 피부관리사, 유아원 교사, 이벤트 종사자, 애완동물미용사, 분장사, 청소년 상담사, 재활치료사
	기업형	기업 경영인, 정치가, 판사, 영업사원, 상품구매인, 보험회사원, 판매원, 관리자, 연출가, 공인중개사, 검사, 군장교, 매니저, 스포츠 마케터, 자동차 딜러, 텔레마케터
	관습형	공인회계사, 경제분석가, 은행원, 세무사, 경리사원, 감사원, 안전관리사, 사서, 법무사, 변리사, 행정공무원, 재무분석가, 안전관리사, 신용분석가, 시스템회계사, 비서

	실재형	공과대학, 농과대학, 수산·축산대학, 체육대학
전공 학과	탐구형	자연대학, 의과대학, 치과대학, 한의대, 공과대학
	예술형	예술대학, 건축학, 국문학, 영문학
	사회형	외국어문학사범대학, 종교학, 사회복지학, 심리학, 특수교육학, 간호학
	기업형	경상대학, 법과대학, 경찰대학, 행정대학, 상과대학
	관습형	회계학, 산업전산학, 세무대학, 행정학, 비서학

출처 : 논문(홀랜드 진로 탐색 검사 활용을 통한 진로교육 프로그램) 재인용

다음 질문에 답을 해보자.

❷ 자신의 유형에 적합한 대표적인 직업과 적합한 전공 학과는 무엇
인가?

3. 내 아이의 강점을 지지하라

강점 지능 검사는 자녀의 강점이 무엇인지 파악할 수 있도록 돕는
검사다. 미국 하버드대학교의 교육학과 교수인 하워드 가드너 박사가
고안한 검사로, 다중 지능 검사로 많이 알려져 있다. 이미 논문을 통해
다중 지능 검사의 효용성은 검증되었다. 이 검사를 통해 자녀의 강점이
무엇인지 알 수 있을 뿐만 아니라 재능 발견의 단서로 활용할 수 있다.
본 검사는 간이 검사이므로 보다 구체적인 검사를 받길 원한다면 관련
전문기관의 도움을 받을 것을 권한다.

방법

각 문항을 읽고 번호를 답안지에 표시한다. (1. 전혀 그렇지 않다 2. 별로 그렇지 않다 3. 보통이다 4. 대체로 그렇다 5. 매우 그렇다)

예시

'다른 사람보다 어휘력이 풍부한 편이다'라는 문항에 전혀 그렇지 않다고 느낀다면 1이라고 적는다.

  1. 취미 생활로 악기 연주나 음악 감상을 즐긴다.

  2. 운동 경기를 보면 운동선수들의 장단점을 잘 안다.

  3. 어떤 일이든 실험하고 검증하는 것을 좋아한다.

  4. 손으로 물건을 만들고, 그림 그리는 것을 좋아한다.

  5. 다른 사람보다 어휘력이 풍부한 편이다.

  6. 친구나 가족들의 고민거리를 들어주거나 해결하는 것을 좋아한다.

  7. 나 자신을 되돌아보고 앞으로의 생활을 계획하는 것을 좋아한다.

  8. 기계에 관심이 많고, 각각의 공통점과 차이점을 알고 있다.

  9. 악보를 보면 그 곡의 멜로디를 어느 정도 알 수 있다.

  10. 평소에 몸을 움직이며 활동하는 것을 좋아한다.

  11. 학교 수업 중 수학이나 과학 과목을 좋아한다.

  12. 어림짐작으로도 길이나 넓이를 비교적 잘 알아맞힌다.

  13. 글이나 문서를 읽을 때 문법적으로 어색한 문장을 잘 찾아낸다.

  14. 학교 내 왕따가 왜 발생하고 어떻게 해결하면 좋을지 알고 있다.

  15. 나의 건강 상태나 기분, 컨디션을 정확히 파악할 수 있다.

16. 옷이나 가방을 보면 어떤 브랜드인지 바로 알아맞힐 수 있다.

17. 다른 사람의 연주나 노래를 들으면 어떤 점이 부족한지 알 수 있다.

18. 어떤 운동이라도 한두 번 해보면 잘할 수 있다.

19. 다른 사람의 말 속에서 비논리적인 점을 잘 찾아낸다.

20. 다른 사람의 그림을 보고 평가를 잘할 수 있다.

21. 나의 꿈은 작가나 아나운서이다.

22. 다른 사람들로부터 다정다감하다는 소리를 자주 듣는다.

23. 내 생각이나 감정을 상황에 맞게 잘 통제하고 조절한다.

24. 동물이나 식물에 관하여 많은 정보를 알고 있다.

25. 다른 사람과 노래할 때 화음을 잘 넣는다.

26. 운동을 잘한다는 말을 자주 듣는다.

27. 학교 생활에서 발생하는 문제를 해결하는 절차와 방법을 잘 알고 있다.

28. 내 방이나 교실을 꾸밀 때, 어떤 재료를 사용해야 하고 어떻게 배치해야 할지 잘 알아낸다.

29. 글을 조리 있고 설득력 있게 쓴다는 말을 자주 듣는다.

30. 친구의 기분을 잘 파악하고 적절하게 대처한다.

31. 평소에 내 능력이나 재능을 계발하기 위해 노력하고 있다.

32. 동물이나 식물을 좋아하고 잘 돌본다.

33. 악기를 연주할 때 곡의 음정, 리듬, 빠르기, 분위기를 정확하게 표현한다.

34. 조각, 조립과 같이 섬세한 손놀림이 필요한 활동을 잘할 수 있다.

35. 물건의 가격이나 숫자 등을 잘 계산한다.

36. 다른 사람으로부터 그림 그리기나 만들기를 잘한다고 칭찬받은 적이 있다.

37. 책이나 신문의 사설을 읽을 때 그 내용을 잘 이해한다.

38. 가족이나 친구 등 누구와도 잘 지내는 편이다.

39. 내 일정을 플래너에 정리하는 등 규칙적인 생활을 위해 노력한다.

40. 현재 동식물과 관련된 직업을 갖기를 원한다.

41. 어떤 악기라도 연주법을 비교적 쉽게 배운다.

42. 개그맨이나 탤런트, 주변 사람들의 행동을 잘 흉내 낼 수 있다.

43. 어떤 것을 암기할 때 무작정 외우기보다는 논리적으로 이해하여 암기하곤 한다.

44. 새로운 지식을 습득할 때 그림이나 개념 지도를 그려가며 외운다.

45. 국어 시간이나 글쓰기 시간을 좋아한다.

46. 내가 속한 집단에서 내가 해야 할 일을 잘 찾아서 수행한다.

47. 어떤 일에 실패했을 때 그 원인을 철저히 분석해서 다음에는 그런 일이 생기지 않도록 노력한다.

48. 동식물이나 특정 사물이 갖는 특징을 분석하는 것을 좋아한다.

49. 빈칸을 주고 어떤 곡을 채워보라고 하면 박자와 전체 곡의 분위기에 맞게 채울 수 있다.

50. 연기나 춤으로 내가 전하고자 하는 것을 잘 표현할 수 있다.

51. 어떤 문제가 생기면 성급하게 결론을 내리기보다 여러 가지로 그 원인을 밝히려고 한다.

52. 고장 난 기계나 물건을 잘 고친다.

53. 다른 사람이 하는 말의 핵심을 잘 파악한다.

54. 다른 사람들 앞에서 프레젠테이션이나 연설을 잘한다.

55. 어떻게 성공해야 할지에 대해 뚜렷한 신념을 가지고 있다.

56. 환경문제를 해결할 수 있는 방법들을 많이 알고 있다.

⟨가치관⟩

요인	A	B	C	D	E	F	G	H
문항	1	2	3	4	5	6	7	8
나의 점수								
문항	9	10	11	12	13	14	15	16
나의 점수								
문항	17	18	19	20	21	22	23	24
나의 점수								
문항	25	26	27	28	29	30	31	32
나의 점수								
문항	33	34	35	36	37	38	39	40
나의 점수								
문항	41	42	43	44	45	46	47	48
나의 점수								
문항	49	50	51	52	53	54	55	56
나의 점수								

⟨세부 항목별 총합계⟩

지능 유형	A	B	C	D	E	F	G	H
합계								

★ 각각의 세로 항목에 해당하는 지능

A : 음악 지능 B : 신체 운동 지능 C : 논리 수학 지능 D : 공간 지능 E : 언어

지능 F : 인간 친화 지능 G : 자기 이해 지능 H : 자연 탐구 지능

채점 방법

❶ 표의 세로 항목별로 점수 합계를 낸다.

❷ 환산 점수가 높은 것이 강점이고, 낮은 것이 약점이다.

❸ 점수가 높은 2개의 유형을 참고하고, 두 번째와 세 번째 점수가 비슷

한 경우 세 번째 유형도 고려한다.

나의 강점 지능 3가지와 관련 있는 직업은 무엇인지 다음 참고 자료

를 활용하여 써보자.

지능	정의
언어 지능	– 단어를 효과적으로 사용하는 능력(구두/글로 표현) – 언어를 이해하고 실용적 영역을 조장하는 능력
논리 수학 지능	– 숫자를 효과적으로 사용하는 능력 – 사물 사이의 논리적 계열성을 이해하고 유사성과 차이점을 측정하고 사정하는 능력
공간 지능	– 방향감각, 시각, 대상을 시각화하는 능력 – 색, 줄, 형태, 구조에 관련된 지능으로 사물을 인지하는 능력 – 내적인 이미지와 사진과 영상을 창출하는 능력
신체 운동 지능	– 신체의 운동을 손쉽게 조절하는 능력 – 손을 사용하여 사물을 만들어내고 변형시키는 능력
음악 지능	– 음악에 대한 전반적인 직관적 이해와 분석적이고 기능적인 능력(음에 대한 지각력, 변별력, 변형능력, 표현능력)

지능	정의
인간 친화 지능	– 다른 사람의 기분, 의도, 동기, 느낌을 분별하고 지각하는 능력 – 타인에게 동기를 부여하고 변화에 대해 유추하는 능력 – 감각과 대인관계의 암시를 구별해내는 능력 – 실용적 방식으로 암시에 반응하는 능력
자기 이해 지능	– 자아를 이해하는 데 관련된 지식과 그 지식을 기초로 적응하는 능력 – 자신에 대해 정확히 알고, 그에 따른 자아 훈련, 자아 이해, 자존감을 위한 능력 – 메타인지, 영혼의 실체성 지각 등 고도로 분화된 감정들을 알아내어 상징화하는 능력
자연 탐구 지능	– 사물을 구별하고 분류하는 능력과 환경의 특징을 사용하는 능력 – 사물을 분별하고 그 사물과 인간과의 관계를 설정하는 대처 기능

강점 지능별 정의를 살펴보았다면 다음은 강점 지능별 대표적인 직업을 살펴보자.

지능	활동	대표적 직업
언어 지능	공식 연설, 일기, 창작, 언쟁, 임기응변, 유머 및 농담, 이야기 만들기	연설가, 이야기꾼, 정치가, 시인, 극작가, 편집자, 기자
논리 수학 지능	추상적 공식, 도표 구조화, 수열, 계산법, 부호 해독, 삼단논법, 문제 해결	수학자, 회계사, 통계전문가, 과학자, 컴퓨터프로그래머, 논리학자
공간 지능	항해, 지도 제작, 체스게임, 상상력, 색 재배합, 패턴, 디자인, 그림, 데생, 인지도, 조각, 사진	안내자, 정찰병, 사냥꾼, 건축가, 실내장식가, 발명가, 예술가
신체 운동 지능	민족 창작춤, 역할극, 제스처, 드라마, 무술, 운동, 무언극, 스포츠	배우, 무언극배우, 경기자, 무용가, 공예가, 조각가, 기계공, 외과의사
음악 지능	리듬패턴, 보컬사운드, 작곡 및 편곡, 배경 음악 선정, 악기 연주, 노래, 공연	음악 비평가, 작곡가, 연주가, 악기 제작자
인간 친화 지능	피드백 주고받기, 타인의 감정에 대한 이해, 협력, 학습전략, 일 대 일 대면, 공감, 분업, 집단 프로젝트	카운슬러, 교사, 심리치료사, 정치가, 종교지도자, 세일즈맨
자기 이해 지능	반성적 사고, 메타인지기술, 사고전략, 정신 집중 기술, 고도의 추론	철학자, 신학자, 소설가, 심리학자, 어느 직업이든 기본적으로 가지고 있어야 하는 지능
자연 탐구 지능	관찰, 견학, 소풍, 여행, 하이킹, 자연보호, 모험심 기르기, 동물 기르기	식물학자, 과학자, 정원사, 수의사, 해양학자, 공원관리자, 도보여행자

출처: 논문 (강점 지능별 대표적인 직업)

4. 내 아이의 가치관을 탐색하라

내 자녀의 직업 가치관을 발견하려면 직업 가치관 경매 게임을 자녀와 함께 해볼 것을 권한다. 이것은 검사가 아니라 놀이 형태로 자녀의 직업 가치관을 발견할 수 있도록 돕는 게임이다.

방법은 다음과 같다. 먼저 경매 시간은 15분이다.

방법

❶ 100만 원을 각 가치에 적당히 할당한다.

❷ 1인당 100만 원이 제공되며 1개 이상의 가치를 사야 한다.

❸ 경매 전에 먼저 꼭 사고 싶은 것(우선순위 3개)에 얼마를 쓸 것인지 각자 계획해본다.

❹ 돈은 남기지 않고 쓴다.

❺ 최종적으로 무엇을 샀는지 이야기한다.

직업 가치	나의 최초 할당 금액	나의 최종 입찰액	최고 낙찰자 (낙찰액)
사회 봉사	다른 사람들에게 도움이 되는 것		
사회적 인정	남에게 인정받기		
보수	많은 월급을 받는 것		
지도력 발휘	다른 사람들을 이끌면서 일하는 것		
발전성	더 발전하고 배울 수 있는 기회가 있는 것		
근무 여건	쾌적한 환경과 적당한 근무 시간		
더불어 일함	다른 사람들과 어울려 일하는 것		
안정성	쉽게 해직되지 않고 오랫동안 그 직장에서 일할 수 있는 것		
다양성	단조롭게 반복되지 않고 변화 있게 일하는 것		
능력 발휘	자신의 능력을 발휘하고 성취감을 갖는 것		

직업 가치관의 유형	직업의 종류
능력 발휘	가수, 건축기술자, 검사, 경영컨설턴트, 국제무역사, 디자이너, 작가, 경찰관, 쇼핑호스트, 변호사, 모델, 동시통역사
다양성	건축기술자, 경찰관, 공연기획자, 심리치료사, 안무가, 미용사, 영화감독, 요리사, 대학교수, 기사, 농업인, 성형외과의사, 성우, 초등학교 교사
보수	감정평가사, 로봇연구원, 공인회계사, 관세사, 외환딜러, 시스템엔지니어
안정성	물리치료사, 교사, 기상연구원, 한의사, 의사, 변리사, 손해사정인, 철도기관사
사회적 안정	검사, 대학교수, 기자, 아나운서, 항공우주공학자, 항해사, 작곡가, 연출가
지도력 발휘	검사, 경찰관, 부동산중개인, 스포츠감독, 영화감독, 교사, 의사, 지휘자, 안무가
더불어 일함	간호사, 관광기획자, 비서, 국제회의 전문가, 스튜어디스, 외교관, 요리사, 의사
사회봉사	공무원, 미용사, 운전기사, 사회복지사, 응급구조사, 판사, 성직자, 소방관
발전성	웹디자이너, 광통신연구원, 귀금속세공사, 미생물학자, 기업분석가
창의성	게임기획자, 네일아티스트, 영화기획자, 디자이너, 유전공학자, 일러스트레이터, 음악가, 사진사, 만화가, 무용가, 성우, 컴퓨터프로그래머, 기상연구원
자율성	공인노무사, 농업인, 광고기획자, 대학교수, 번역가, 파티플래너, 작가

게임을 마치고 난 뒤 다음 질문에 대해 생각해보고 이야기해보자.

❶ 위 가치관 유형별 직업의 종류를 보고 자신의 직업 가치관 유형과 관련 있는 직업 목록에서 관심이 가는 직업은 무엇이 있는지 가족 간에 이야기해보자.
❷ 평소에 희망하던 직업과 목록에서 나타난 직업이 일치하는지 살펴보고, 일치하지 않는다면 무엇 때문인지 가족 간에 이야기를 나눠보자.

5. 부모 훈련 일지 사용법

부모 훈련 일지는 부모 진로교육에서 매우 중요한 도구로 활용된다. 이 책의 본문 1장에서는 엄마의 역할이 중요하다고 했고, 2장에서는 엄마가 코치가 되는 방법을 알려주었고, 3장에서는 그 해결 방안으로 대화법 등을 소개했다. 부모 훈련 일지는 1장, 2장, 3장의 모든 내용을 효과적으로 실천할 수 있도록 돕는 양식이다.

부모가 진로코치가 되기 위해 특히 갖추어야 할 것은 자기성찰력인데, 이를 향상시키기 위해 부모는 하루 15분만 시간을 내면 된다. 부모 훈련 일지를 3개월 정도 꾸준히 쓰면 자녀를 바라보는 부모 자신의 생각, 느낌, 특히 자녀에 대해 가졌던 고정관념이 무엇인지 발견할 수 있고, 자녀 양육을 위한 통찰력을 얻을 수 있다. 부모 훈련 일지에 자녀에게 부모 스스로 가졌던 생각, 언어, 행동을 적는데 아이의 생각, 언어, 행동을 쓰는 경우가 간혹 있다. 잊지 말자. 아이의 생각, 언어, 행동을 쓰는 순간 부모는 감시자가 되어버린다는 사실을.

방법

❶ 자녀 이름 : 자녀 이름을 적는다.

❷ 자녀에게 기대한 것 : 자신이 자녀에게 오늘 기대한 것 한 가지를 적는다.

❸ 객관적인 사실 : 객관적으로 자녀에게 가졌던 생각, 했던 언어, 행동을 적는다.

❹ 오늘 자녀와의 대화문 : 오늘 자녀와 나눈 대화를 다음 순서대로 작성한다.

예) 엄마 : 철수야, 오늘 학교에서 무엇을 배웠니?

철수 : 몰라요.

❺ 종합 피드백 : 객관적인 사실, 대화문 작성 후 깨달은 것이 있으면 적는다.

일시		20 년 월 일 시 분 ~ 시 분
자녀 이름		자녀에게 기대한 것
객관적 사실		
(생각, 언어, 행동)		
오늘 자녀와의 대화문		
종합 피드백		

Q : 책을 읽고 아이에게 진로코칭을 실천해보려고 하는데 잘 안되요. 어떻게 하면 좋을까요?

A : 우선 책을 정독하는 것이 중요합니다. 무엇보다 코칭 대화가 제일 안 될 것입니다. 이것은 학습의 방법과 연결되는데, 코칭 대화를 잘하기 위해서는 매일 부모 코칭 훈련 일지를 작성해보고 스스로 평가해보는 것이 중요합니다. 그리고 필요하다면 네이버 카페 '한국청소년코칭센터'에 가입하셔서 필요한 자료를 다운받아 실천해보시면 도움이 될 것입니다.

Q : 진로코칭이 과연 효과가 있나요?

A : 네, 효과가 있습니다. 다만 그 효과가 1+1=2식으로 공식처럼 나타나는 것은 아닙니다. 어떤 학생은 코칭 5회 만에 진로 발견을 통해 학습 동기가 생기기도 하고, 또 어떤 학생은 8개월이 걸리기도 합니다. 효과에 가장 큰 영향을 미치는 것은 가족회의입니다. 따라서 한국청소년코칭센터의 진로코칭은 반드시 가족 코칭을 실시하고 있습니다.

Q : 진로코칭의 대상은 누구인가요?

A : 보통 진로코칭을 신청하는 분은 고등학교 2학년까지 다양합니다. 학생들은 보통 4가지 부류로 나눕니다. 첫 번째 부류는 목표는 없지만 공부를 잘하는 학생, 두 번째 부류는 목표는 있지만 공부를 잘 못하는 학생, 세 번째 부류는 목표도 없고 공부도 잘 못하는 학

생, 네 번째 부류는 학교를 그만두고 집에 있는 학생입니다. 자신의 진로를 찾고 학습 동기를 찾고 싶어하는 학생들은 모두 진로코칭의 대상이 됩니다.

Q : 청소년 진로코칭과 학습코칭은 어떻게 다른가요?
A : 청소년 진로코칭은 학습 동기에 초점이 맞추어져 있습니다. 자신에 대한 깊은 이해를 바탕으로 미래 설계를 전담 코치와 함께합니다. 반면 학습코칭은 공부 습관에 초점이 맞추어져 있습니다. 학습코칭을 신청하게 되면 기본적으로 공부 습관을 형성할 수 있는 공부 도구를 지급하며 자녀의 공부 습관을 바로잡습니다. 대다수 많은 부모님들은 진로코칭을 하신 다음 학습코칭을 진행하십니다.

Q : 청소년 진로코치가 되고 싶습니다. 구체적으로 어떤 일을 하는지, 그리고 어떤 교육 과정을 밟아야 하는지 알려주세요.
A : 청소년 진로코치는 학생들이 진로를 효과적으로 발견하기 위해 코칭식 대화를 구사하는 파트너입니다. 진로코칭의 대상은 목표가 있는 학생과 목표가 없는 학생으로 구분되는데, 학습-진로-리더십이라는 진단을 통해 자기 이해를 스스로 할 수 있도록 돕습니다. 자기 이해를 바탕으로 직업 트렌드와 교육 세계 등에 대해 이해하도록 도와 궁극적으로 학생이 자신이 정말 되고 싶고, 하고 싶은 것을 발견할 수 있도록 돕는 동기부여가입니다. 청소년 진로코치가 되기 위해서는 무엇보다 현장에서 오랫동안 학생들을 만나왔던 코치진

들에게 교육을 받을 필요가 있습니다. 현재 한국청소년코칭센터 평생교육원에 '진로학습코치양성과정'이 개설되어 있습니다. 온라인 과정이고, 매달 열립니다. 오프라인 교육의 경우 1년에 4번, 3월, 6월, 9월, 12월에 열립니다.

Q : 교육만 받으면 청소년 진로코치가 될 수 있나요?

A : 이미 한국에서도 직업적으로 청소년 진로코칭을 하는 분이 많이 늘고 있습니다. 진로학습코치양성과정을 수료하면 활동이 가능합니다. 지속적으로 청소년 진로코치들이 활동할 수 있도록 다양한 교육과 훈련 프로그램들이 있습니다. 개인적인 공부와 임상을 쌓으셔야 합니다. 코칭 임상 시간이 최소 100시간은 되면 좋습니다. 중요한 것은 얼마나 알고 있느냐가 아니라 언제 어디서든지 적용할 수 있느냐입니다. 청소년에 대한 사명감, 사랑, 전문성을 가지고 청소년 진로코치가 되기 위해 준비하고 있는 분이 많습니다.

Q : 청소년 진로코치가 되려면 어떤 능력이 필요한가요?

A : 청소년 진로코치가 되려면 청소년에 대한 이해, 인간에 대한 이해, 코칭에 대한 이해를 기본적으로 가지고 있어야 합니다. 청소년은 어른으로 들어가는 시기이기 때문에 아동과는 접근법이 매우 다릅니다. 청소년들이 가장 고민하고 있는 진로, 학습, 입시, 관계 등에 대해서 종합적으로 관찰할 수 있는 눈이 필요합니다. 왜냐하면 진로코칭을 하다 보면 학습코칭이 필요하다는 것을 느끼기도 하고 학습

코칭을 하다 보면 생활습관 코칭의 필요성을 느끼기도 하기 때문입니다.

Q : 진로코칭을 받고 싶은데 비용이나 진행 과정이 궁금합니다.
A : 진로코칭은 부모님이 신청하셨다고 무조건 진행되지 않습니다. 반드시 학생의 동의를 서면으로 구하고 난 뒤 서비스가 진행됩니다. 서비스가 진행되면 온 가족이 진단검사를 받게 되며, 진단검사 결과와 코칭 신청자의 욕구를 파악하여 횟수를 정하게 됩니다. 보통 10회를 기준으로 하며, 10회 이후에는 협의하에 비용과 연장 여부를 결정합니다.

내 아이를 위한
진로코칭

1판 1쇄 발행 2013년 5월 20일
개정판 1쇄 발행 2020년 4월 15일

지은이   엄명종
펴낸이   한승수
펴낸곳   문예춘추사

편집주간   최상호
마케팅   박건원
디자인   홍시

등록번호   제300-1994-16
등록일자   1994년 1월 24일
주소   서울시 마포구 동교로27길 53, 309호
전화   02-338-0084
팩스   02-338-0087
이메일   moonchusa@naver.com

ISBN   978-89-7604-407-5 03370